Table of Contents

Le Deuxième Enterrement..4
The Second Funeral..4

Une Nouvelle Colocation..29
The New Roommate..29

Planète XY...58
Planet XY...58

Learn French

Le Deuxième Enterrement
The Second Funeral

B1 — Bilingual XY — **B2**

French-English Parallel Text

Bilingual Crime Story

Le Deuxième Enterrement

L'animateur radio est peu bavard ce soir. J'agrippe le volant du véhicule et libère un souffle tendu, attendant que le feu passe au vert. Je n'aime plus le silence. Attendre, m'interroger. Je déteste tout cela.

James Harrington était mon coéquipier dans la police depuis presque 5 ans. Puis, il a disparu, juste comme ça. J'ai passé près de 8 semaines dans une unité de soins aux brûlés et ai raté les funérailles. Apparemment, il n'y avait pas grand-chose à enterrer. L'explosion avait entièrement détruit l'entrepôt, toutes les preuves dont nous avions besoin disparaissant dans les flammes et les gravats.

Le cartel russe est apparu dans la ville il y a près d'une décennie, s'installant dans le quartier du centre-ville. Nous avions essayé de les en déraciner,

The Second Funeral

The radio chatter is quiet tonight. I grip the wheel of the cruiser and release a tense breath, waiting for the light to turn green. I don't like silence anymore. Waiting, wondering. I dislike all of it.

James Harrington was my partner for almost 5 years on the force. Then he was gone, just like that. I spent almost 8 weeks in a burn recovery unit and missed the funeral. Apparently there wasn't much to bury. The explosion had all but leveled the warehouse, all the evidence we needed disappearing in the flames and rubble.

The Russian cartel appeared in the city almost a decade ago, settling in the downtown district. We'd tried to uproot them, but

mais sans succès. Plus nous avons poussé, plus ils ont tiré – et causé le chaos. Si jamais je réussis à mettre la main sur eux, je les empêcherai de causer encore d'autres ennuis. Harrington était un bon flic. Il était plus près que quiconque de les arrêter, mais je suppose que c'est ce pourquoi nous n'avons pas pris le traquenard pour ce qu'il était. Parfois, je l'envie. Au moins, il est loin de tout cela maintenant.

Je ne sais pas ce à quoi je pense. Je ne dors pas la nuit et, quand je le fais, j'ai l'impression d'enchaîner les cauchemars.

Le feu passe au vert. J'accélère, suivant le flux du trafic. Il fait sombre, mais la ville est bondée. Conduire une voiture de police est un casse-tête. Tout le monde ralentit bien en dessous de la limite de vitesse; nous avançons à la vitesse d'un escargot.

with no success. The more we pushed, the harder they pulled-- and caused chaos. If I ever get my hands on them, I'd prevent them from causing any more trouble. Harrington was a good cop. He was closer than anyone to taking them down, but I guess that's why we didn't see the set-up for what it was. Sometimes I envy him. At least he's out of it all now.

I don't know what I'm thinking. I don't sleep at night, and when I do, I feel like I'm having one nightmare after another.

The light turns green. I speed up, following the flow of traffic. It's dark, but the city is packed. Driving in a police car is a headache. Everyone slows down way beneath the speed limit; we move at a snail's pace.

Je sais où je vais, même si je sais que je ne devrais pas. Pas du tout et certainement pas dans cette voiture. La réalité me rattrape et je sais que je ne peux pas conduire cette voiture jusqu'à sa porte d'entrée. Je me gare à une station d'essence à proximité et sors mon téléphone cellulaire.

Je peux dire à la façon dont elle me salue qu'elle n'est pas heureuse d'avoir de mes nouvelles.

«Je suis à la station d'essence au coin. Rejoins-moi si tu peux.» C'est court et simple. Je termine l'appel et commence à attendre, ne sachant pas si elle va même arriver. Après dix minutes, je commence à penser que je devrais partir. Elle ne devrait pas venir ici de toute façon.

Mais, alors, elle frappe à la fenêtre. Je tarde un moment, surpris, mais ensuite je la fais entrer. Je lui ouvre la porte et elle se glisse à l'intérieur, la

I know where I'm going, even though I know I shouldn't. Not at all, and certainly not in this car. Reality catches up to me and I know I can't drive this car up to her front door. I park at a gas station nearby and pull out my cell phone.

I can tell by the sound of her greeting that she isn't happy to hear from me.

"I'm at the gas station on the corner. Meet me if you can." It's short and simple. I end the call and begin the wait, not knowing if she'll even arrive. After ten minutes I start thinking I should leave. She shouldn't come out here anyway.

But then she's knocking on the window. I delay for a moment, surprised, but then usher her in. I open the door for her and she

fermant derrière elle.

«Tu es un idiot», est la façon dont elle me salue. Sa colère est justifiée. Le simple fait de parler avec elle ici pourrait compromettre l'opération. Vera est infiltrée dans le cartel depuis maintenant presque un an. J'ai l'impression que cela fait plus longtemps. Elle ne ressemble pas du tout à la même personne que quand nous nous sommes rencontrés pour la première fois, une jeune fille russe en train de terminer sa formation à l'école de police. Dieu sait que cela n'a pas été une période facile pour elle. Elle m'a inspiré des idées à l'époque et maintenant je suis ici, ce qui entrave son travail. Physiquement, le boulot l'a beaucoup changée. La moitié de ses cheveux sont rasés court et son maquillage est sombre. C'est entièrement pour l'opération, mais je pense qu'elle aime ça – ou au moins, je peux dire qu'elle ne déteste pas ça.

slips inside, closing it behind her.

"You're an idiot," is what she greets me with. Her anger is justified. Just talking with her here could compromise the operation. Vera's been working undercover in the cartel for almost a year now. It feels longer. She doesn't look anything like when we first met, a young Russian girl just finishing her time at the police academy. God knows that wasn't an easy time for her. She inspired me back then and now here I am, hindering her work. Physically the job has changed her a lot. Half of her hair is shaved short and her make-up dark. It's all for the act, but I think she likes it-- or at least, I can tell she doesn't dislike it.

«Dis-moi ce que tu sais à propos de Malakhov.»

Erik Malakhov est la plus grosse tête de l'hydre en ce qui nous concerne, un chef de meute local qui dirige les choses pour les Russes. La DEA veut des fournisseurs. Dans leurs dossiers, Malakhov n'était personne. Pour moi, il est la seule chose qui compte.

«Pourquoi ne lis-tu pas les dossiers de l'affaire?»

«Tu vois ce que je veux dire. Où est-il?»

«Je ne fais pas d'affaires avec lui», a répliqué Vera. «Tu le saurais. Si tu lisais mes rapports.» Je lui jette un regard noir et elle fait de même en retour. Elle ne ressemble plus au genre de personne qui sourit. Je voudrais essayer de la flatter, mais je pense que cela ne ferait que l'irriter.

"Tell me what you know about Malakhov."

Erik Malakhov is the biggest head of the hydra as far as we're concerned, a local top dog that runs things for the Russians. The DEA wants suppliers. In their books, Malakhov was a nobody. To me, he's the only thing that matters.

"Why don't you read the case files?"

"You know what I mean. Where is he?"

"I don't do business with him," Vera countered. "You'd know that. If you read my reports." I frown at her and she frowns back at me. She doesn't look like the kind of person that smiles anymore. I would try to flatter her, but I think it would only irritate her. She

Elle soupire et s'étend dans le siège. «Je savais que tu finirais par me demander ça.» Cela attire mon attention et je me redresse.

«Donc, tu as quelque chose pour moi?»

«Je t'ai déjà donné ma réponse–non. Je ne vais pas te laisser prendre ça en main. Dois-je te donner une raison? Je sais ce que Malakhov a fait. Cela ne signifie pas que tu puisses le poursuivre seul.» Elle est déjà en train d'attaquer mon argument et je n'ai pas grand-chose pour me défendre. Elle n'est pas du tout amusée, seulement fâchée contre moi.

«Je ne suis pas seul. Pas si tu m'aides.» Malakhov allait répondre du meurtre de Harrington et je détruirais tout ce qu'il a essayé de créer, même sans son aide. Mais elle pourrait rendre cela bougrement plus facile pour moi. «Je ne vais pas te mettre en

sighs and lies back in the seat. "I knew you'd ask for this eventually." That gets my attention and I sit up straighter.

"Then you have something for me?"

"I already gave you my answer-- no. I'm not letting you take this into your own hands. Do I need to give you a reason? I know what Malakhov did. That doesn't mean you can just go after him on your own." She's already attacking my argument and I don't have much to defend with. She isn't amused at all, only annoyed with me.

"I'm not on my own. Not if you help me." Malakhov was going to answer for Harrington's murder and I would destroy everything he tried to create, even without her help. But she could make this a hell of a lot easier for me. "I won't

danger.»

«Tu me mets en danger en ce moment même! Je suis infiltrée. Tu ne me prends pas au sérieux. Ce n'est pas ce que tu veux.»

«C'est la seule chose que je veux!»

Elle me fixe pendant un long moment, demandant quelque chose de son regard. Pour faire marche arrière et que je change d'avis. Je la fixe en retour et refuse. Elle soupire.

«Il y a un club appelé Hazard Lights. Ils font des affaires là-bas. Il pourrait s'y pointer samedi. Après ça, il va quitter la ville pour un autre mois. La DEA ne veut pas se déplacer pour ça. Si tu le fais, tu le fais seul.»

Je hoche la tête alors qu'elle secoue la sienne. Elle pense que je vais ruiner l'opération, mais je sais ce que j'ai à

put you at risk."

"You're putting me at risk right now! I'm undercover. You're not taking me seriously. You don't want this."

"This is the only thing I want!"

She stares at me for a long time, requesting something with her gaze. To turn back and change my mind. I stare back and refuse her. She sighs.

"There's a club called Hazard Lights. They do business there. He might show up there on Saturday. After that, he'll leave the city for another month. The DEA doesn't want to move in on this. If you do this, you do it alone."

I nod, even as she shakes her head. She thinks I'm going to ruin the operation, but I know what I

faire. Je ne parviens pas à la remercier, ne réussissant qu'à ouvrir la bouche avant qu'elle n'ouvre la porte.

Elle pivote sur son siège. «Ne fais pas foirer ça!» Elle se lève et ferme la porte en la claquant.

J'espère qu'elle ne se reproche pas d'avoir échoué à m'arrêter. Elle n'aurait pas pu réussir. Je ne peux pas oublier et je ne pardonnerai pas. La seule chose qui me reste est la rancœur.

Je trouve Hazard Lights aux abords des quais. Ça semble minable de l'extérieur, sans prétentions, mais à l'intérieur la nature réelle du club est évidente. J'entre avec un faux nom que Vera m'a donné. Il serait facile de se perdre à cet endroit dans les lumières et le bruit–l'endroit est très fréquenté et c'est seulement jeudi. J'explore les lieux, retenant les

have to do. I fail to thank her, only succeeding in opening my mouth before she's opening the door.

She turns where she sits. "Don't screw it up!" She stands and slams the door shut.

I hope she doesn't blame herself that she failed to stop me. She couldn't have succeeded. I can't forget and I won't forgive. The only thing left is blame.

I find Hazard Lights on the outskirt of the docks. It looks shabby from the outside, unassuming, but inside the real nature of the club is obvious. I get in with a name drop Vera gave me. It would be an easy place to lose yourself in the lights and the noise-- the place is busy and it's only Thursday. I'm scouting the place,

entrées et les sorties afin de ne pas les oublier. Je dois connaître l'agencement par cœur. Je ne peux me permettre d'échouer. Je dois tout mettre en œuvre pour réussir. Un balcon supérieur semble réservé spécialement aux VIP. Je parie que quand Malakhov viendra, il sera plein de gens, lui et ses hommes de main. Le club se vide vers 5 heures du matin. Je me demande si Malakhov va rester aussi longtemps. Moins il y a de gens à qui il peut éventuellement faire du mal, mieux c'est, et le plus rapidement je peux reconstruire ma réputation dans la police.

Je devrais dire merci à Vera, mais je ne recevrais aucune reconnaissance pour cela. Je m'interdis de lui parler— je ne peux pas risquer de détruire sa couverture. Même si je tente de communiquer, elle va probablement m'ignorer. C'est une fille intelligente.

Samedi soir, je me pointe tôt. Je veux

remembering entrances and exits, so I won't forget. I need to know the layout by heart. I can't afford to fail. I have to set myself up to succeed. An upper balcony looks especially reserved for VIP. I bet when Malakhov comes, it will fill with people, him and his henchmen. The club empties around 5 A.M. I wonder if Malakhov will stay that long. The fewer people he can possibly hurt, the better, and I can rebuild my reputation with the force faster.

I should send Vera a thank you, but I wouldn't receive any gratitude for that. I forbid myself from talking to her - I can't risk blowing her cover. Even if I try to communicate, she'll probably ignore me. She's a smart girl.

Saturday night, I show up early. I

arriver là-bas avant Malakhov. Je prends un siège au bar et essaye de relâcher la tension qui pèse sur mes épaules. Il ne lui faut pas longtemps pour arriver. Il n'arrive pas par l'avant. Je connais la porte qu'il a probablement utilisée et je parie qu'il partira par là également, s'il en a l'occasion. Je parle un peu avec le barman et essaie de sembler occupé, mais Malakhov ne fait pas attention. Il est assis au balcon supérieur, entouré d'hommes en costume et de quelques femmes chics. Il semble qu'il divertisse ses invités, mais je m'ennuie à attendre. Il est trop occupé à acheter et à vendre pour remarquer grand-chose de ce qui se passe au-delà de son balcon. Je suis heureux que l'on m'ignore.

Il est presque trois heures du matin avant qu'il ne se lève pour partir. Je bouge également, me dirigeant vers le couloir qui mène à l'escalier du

want to get there before Malakhov. I grab a seat at the bar and try to let go of the tension that's in my shoulders. It doesn't take long for him to arrive. He doesn't arrive through the front. I know the door he probably used and I bet he'll depart that way, too, if he gets the chance. I talk with the bartender a little and try to look busy, but Malakhov isn't paying attention. He sits in the upper balcony, surrounded by men in suits and a couple of glamourous women. From the look of it, he entertains his guests, but I'm just bored with waiting. He's too busy buying and selling to notice much going on beyond his balcony. I'm glad to be overlooked.

It's almost 3 AM before he stands up to leave. I move, too, heading for the hallway that leads to the balcony staircase. I expect the

balcon. Je m'attends à ce que le chemin soit surveillé. Je suis surpris que ce ne soit pas le cas. Mais Malakhov a déjà descendu les marches et se dirige vers la porte. Il mène alors que son groupe d'hommes le suit. Il serait si facile de mettre fin à tout cela maintenant. Juste un seul tir. Mais je dégaine mon arme tout en aboyant des ordres. «Police–mettez vos mains en l'air!»

Soudain, ils se déplacent. Malakhov fuit, tandis que ses hommes restent. J'économise mes munitions, ne voulant pas toutes les utiliser sur eux. Je m'attends à une rafale de balles et plonge derrière un petit bar en libre service. Rien ne se passe. Lorsque je jette un coup d'œil par-dessus le bord, les hommes sont partis. Je saute de là où j'étais agenouillé et les poursuit pendant qu'ils battent en retraite. Malakhov et ses hommes entrent dans des voitures qui attendent à l'extérieur pendant que je cours vers la mienne

way to be guarded. I'm surprised when it's not. But Malakhov has already made it down the steps and is moving toward the door. He leads while his group of men follow. It would be so easy to end it all now. Just a single shot. But I draw my gun as I bark out orders. "Police-- put your hands up--"

They move suddenly. Malakhov flees, while his men remain. I save my ammo, not wanting to spend it all on them. I expect a hail of bullets and dive behind a small, self-serve bar. Nothing happens. When I glance around the edge, the men are gone. I jump up from where I knelt down and chase while they retreat. Malakhov and his men get into cars waiting outside as I run toward my own and the engine roars to life.

et que le moteur pousse un premier rugissement.

Il est tard, mais c'est un samedi. Les rues ne sont pas tout à fait claires, mais je parviens à les suivre, au mépris de quelques feux rouges. Je ne peux pas laisser passer cette chance. Je le file à une distance prudente. La course-poursuite a commencé dans le parking du club et s'est achevée presque au milieu de la ville, dans un autre groupe d'entrepôts. Des frissonnements se propagent sur mes bras et se condensent en un frisson qui me descend le long du dos. Ce n'est pas le même endroit, mais il me rappelle Harrington et l'explosion. Mon angoisse grandit, mais mon courage ne diminue pas. J'aurais dû appeler des renforts. Il fait sombre ici. Pas de lumière dans la longue zone clôturée. Pas de témoins.

J'éteins mes phares et conduis, à

It's late, but it's a Saturday. The streets aren't entirely clear, but I manage to keep up, disregarding a few red lights. I can't let this chance vanish. I tail him at a safe distance. The chase began in the club parking lot and ended almost halfway across town, in another warehouse lot. Chills spread over my arms and condense into a shiver down my spine. It's not the same lot, but it reminds me of Harrington and the explosion. My anxiety grows, but my courage doesn't diminish. I should have called for backup. It's dark here, no lights in the long, fenced area. No witnesses.

I turn my headlights off and drive

moitié aveugle, pour me garer derrière l'un des bâtiments. Je peux entendre des voix au loin, certaines chuchotant et d'autres criant. Donnant des ordres. Je ne comprends pas la langue. Je sors de la voiture, prenant soin de ne pas claquer la porte. J'avance vers les voitures, me tapissant au sol alors que je vois les hommes retourner dans l'entrepôt. Pourquoi sont-ils en train de se prendre eux-mêmes au piège ? J'inspire et expire lentement, pour me calmer. Je suis reconnaissant à l'obscurité de m'aider à me dissimuler, réticent à révéler ma position jusqu'à ce que je puisse obtenir un bon point d'observation. Je me suis déplacé autour de l'entrepôt, jetant des coups d'œil par-dessus mon épaule pour voir si les hommes s'étaient repliés à l'intérieur. Ce serait du suicide d'essayer d'y aller maintenant. J'attends pour agir. Ils ne peuvent pas se cacher là éternellement, mais ils savent que je les cherche. Ça va leur prendre un

half-blind, to park behind one of the buildings. I can hear voices in the distance, some whispering and others yelling. Giving orders. I don't understand the language. I slip out of the car, taking care not to bang the door. I advance toward the cars, keeping low to the ground as I see the men moving back into the warehouse. Why are they trapping themselves? I inhale and exhale slowly, calming myself. I'm grateful the darkness helps conceal me, reluctant to reveal my location until I can get a good vantage point. I moved around the edge of the warehouse, glancing over my shoulder to see the men have retreated inside. It would be suicide to try and go in now. I wait to act. They can't hide in there forever, but they know I'm seeking them out. It'll take them a while to send someone out to hunt me.

certain temps pour envoyer quelqu'un me poursuivre.

Presque une demi-heure passe avant que les trois hommes ne quittent l'entrepôt. Ils marchent prudemment, mais ne se tournent pas vers moi. Je reste tapi et espère, redoutant ce qui arriverait s'ils me trouvaient. Ils ne sont pas mon problème. Une fois qu'ils sont presque hors de vue, je me dirige vers la porte de l'entrepôt qui a été laissée ouverte, avant que je ne commence à ramper. Je jette un œil à l'intérieur mais personne ne me guette comme je m'y attends. Je suis presque ravi–mais pourquoi rendraient-ils cela facile pour moi ? Je pourrais tout aussi bien être en plein désarroi s'ils étaient à l'affût.

C'était si silencieux, il semblait que vraiment personne n'habitait l'entrepôt. Mais il ne pouvait pas avoir quitté les lieux. Je regardais la porte tout le temps.

Almost a half hour passes before the three men leave the warehouse. They walk cautiously, but don't turn toward me. I stay low and hope, dreading what would happen if they find me. They're not my problem. Once they're almost out of sight, I walk toward the warehouse door that was left open, before I begin to crawl. I glance inside, but no one is waiting for me like I expect. I'm practically delighted-- but why would they make this easy for me? I could just as easily be dismayed if they're lying in wait.

It was so silent, it seemed as if no one inhabited the warehouse at all. But he couldn't have evacuated. I was watching the door the whole time.

Je n'éprouve pas de peur à ce moment. Que je meure ou que je survive, la vengeance est mon objectif, et je sens comment cela va probablement se passer. Il y avait eu au moins un autre homme, outre Malakhov. Il fait sombre à l'intérieur, et maintenant je ne peux pas dire si cela m'aide ou me gêne. Il y a des lumières allumées au loin, mais pas assez pour y voir clair. Je reste dans l'ombre.

L'obscurité prend soudainement forme à ma gauche. Je reconnais Malakhov, qui se glisse à travers un corridor alors que mon doigt appuie sur la gâchette. Le bruit résonne contre la coquille du bâtiment, assourdissant dans le silence. Sans autre pensée, je me suis lancé à ses trousses.

Alors que je poursuis Malakhov plus profondément dans l'entrepôt, ce dernier commence à se diviser en plusieurs pièces. C'est dans le

I don't feel fear at this point. I'll live and die by my revenge, and I can sense how this will likely go. There had been at least one other man, apart from Malakhov. It's dark inside and now I can't tell if it helps or hinders me. There are lights on far away, but not enough to see clearly by. I stay in the shadows.

The dark suddenly takes shape to my left. I recognize it as Malakhov, who slips around a doorway just as my finger pulls the trigger. It reverberates the building's shell, the sound deafening in the silence. Without further thought, I raced after him.

As I chase Malakhov deeper into the warehouse, it begins to section off into inner rooms. In the doorway of one is where I first see

corridor de l'une d'entre elles que je le vois pour la première fois–pas Malakhov, mais une forme penchée vers le sol. Mon cœur remonte dans ma gorge alors que je discerne la silhouette, tout en reconnaissant les traits du visage légèrement dissimulés par un bâillon. Il lève la tête et révèle plus son visage. Je ne sais pas si je veux rire ou pleurer. Je le reconnais, même avec la tête baissée et les mains attachées derrière le dos. Est-ce que je vois clairement les choses? Est-ce que c'est vrai?

«Harrington!» Je cours vers lui pour le détacher. «Ils t'ont enterré–ils t'ont *enterré*, comment es-tu arrivé ici?» C'était comme si quelqu'un l'avait exhumé de la mort elle-même.

Il se déplace rapidement et brusquement. Le couteau me prend par surprise et la douleur poignardante me fait perdre l'équilibre. Quand je m'affaisse sur

him-- not Malakhov, but a figure hunched on the ground. My heart jumps into my throat as I make out the silhouette, recognizing the facial features slightly obscured by a gag. He lifts his head and reveals more of his face. I don't know if I want to laugh or cry. I recognize him, even with his head bowed and hands tied behind his back. Am I seeing things clearly? Is this real?

"Harrington!" I run forward to untie him. "They buried you-- They buried you, how are you here?" It was like someone had unearthed him from death itself.

He moves quick and sudden. The knife catches me by surprise and the stab of pain throws me off balance. When I sink to my knees, I stare blankly at

19

mes genoux, je fixe d'un air ahuri le visage de Harrington, tandis que sa main libère lentement le manche du couteau afin de le laisser dans mon ventre. Il retire le bâillon de sa bouche. Je peux maintenant voir que ses poignets n'ont jamais été attachés, mais le choc m'aveugle. J'agrippe l'épaule de sa chemise fermement.

«Ils ont enterré quelqu'un», répond-il; et il me repousse. Il semble presque le regretter. Tous ces jours que nous avons passés en patrouille ensemble, à partager nos vies et notre confiance. Il n'a jamais semblé que nous nous cachions quelque chose l'un à l'autre, mais c'était le cas. Le vertige s'installe et je suis mis sur le dos alors qu'il retire l'arme de ma main. J'avais oublié que je la tenais toujours. Je tente de me lever pour l'attraper, mais ma main retombe mollement contre ma chemise. Le tissu colle à ma peau, tandis que mes doigts glissent sur

Harrington's face, as his hand slowly releases the handle to leave it in my stomach. He pulls the gag from his mouth. I can see now his wrists were never tied, but the shock is blinding me. I grip the shoulder of his shirt tightly.

"They buried somebody," he answers, and pushes me off. He almost sounds like he regrets it. All those days we spent on patrol together, sharing our lives and our trust. It never seemed like we withheld anything from each other, but here he was. Dizziness sets in and I'm placed on my back while he removes the gun from my hand. I'd forgotten I was still holding it. I try to rise up to grab it, but my hand falls limply back to my shirt. The fabric sticks to my skin, while my fingers slide off the

l'étoffe humide. Je ne regarde pas. Je sais déjà à quoi cela ressemble. Pendant un certain temps, je ne peux que regarder Harrington fixement, sidéré.

«Depuis combien de temps?» je grogne enfin à travers la douleur. Il ne grimace pas comme un méchant de bande dessinée. Il semble presque honteux.

«Après deux années d'enquête.»

«Ils t'ont graissé la patte? Ou menacé?»

«Ils n'ont rien fait. C'est le business.»

Il devient de plus en plus dur de parler et de se concentrer. Je commence à m'assoupir–et le ferais–mais la douleur me tord le ventre.

«Vera?» je parviens à demander, mais je ne peux pas formuler une autre

wet material. I don't look. I already know what it looks like. For a while, I can only stare up at him, dazed.

"How long?" I finally snarl through the pain. He doesn't grin like some comic book villain. He almost looks ashamed.

"2 years into the investigation."

"Did they bribe? Or threaten?"

"They didn't do anything. It's business."

It's getting harder to speak and to focus. I'm starting to drift off, and would, but the pain is twisting in my stomach.

"Vera?" I manage to ask, but cannot form more of a question

question que cela. Harrington comprend.

«Toujours du côté des bons types», dit-il. «Elle ne sait pas que je suis ici. Mais eux savent pour elle. Et je savais que tu irais la trouver pour obtenir de l'aide.»

J'avais tout mis en place pour lui. Le club, les hommes. J'étais comme un poisson appâté avec un leurre.

Il lève les yeux au son de quelqu'un qui approche. Malakhov. Je ne sais pas lequel d'entre eux je déteste le plus, mais je sais qu'il est venu pour finir le travail lui-même. Je peux sentir le sang maintenant. Le diable au sourire narquois se penche sur moi et fait claquer sa langue.

«James a dit que tu viendrais me chercher. Dans quoi tu t'es embarqué?» Son accent russe ronronne sur ses mots. Je lui lance un

than that. Harrington understands.

"Still one of the good guys," he says. "She doesn't know about me being here. But they know about her. And I knew you'd go to her for help."

I had set it all up for him. The club, the men. I was baited like a fish with a lure.

He looks up, at the sound of someone approaching. Malakhov. I don't know which of them I hate more, but I know he came to finish the job himself. I can taste blood now. The smirking devil leans over me and clicks his tongue.

"James said you would come for me. What have you gotten yourself into?" His Russian accent purrs over his words. I bark out a

rire comme un aboiement, mais avant qu'il ne puisse demander pourquoi, je réponds pour lui. Le manche du couteau est glissant dans mon poing quand je tire pour le retirer et le dirige brusquement vers lui avec la dernière de mes forces.

Il laisse échapper un hurlement de douleur tandis que Harrington se tient là, comprenant ce qui est arrivé. Je suis prêt aux coups de feu qui retentissent. Ce à quoi je ne suis pas prêt, c'est à voir une forme de jeune fille brandissant une arme pendant que ma vision s'estompe.

Je me réveille et me rendors sans le savoir. Quand j'ai finalement la force de rester éveillé, je suis dans un lit d'hôpital. On me dit que cela fait presque deux jours. Vera est là. Nous échangeons des salutations et des plaisanteries, évitant la conversation qui se profile. Elle demande à l'infirmière de m'apporter quelque

laugh at him, but before he can question why, I answer for him. The knife handle is slick in my grip when I pull it free and lunge it toward him with the last of my strength.

He lets out a howl of pain while Harrington stands there, taking in what happened. I'm ready for the shots that ring out. What I'm not ready for is to see a girlish shape brandishing a gun as my vision fades.

I wake and sleep without knowing it. When I finally have the strength to remain awake, I'm in a hospital bed. I'm told it's been almost 2 days. Vera is there. We go through greetings and pleasantries, avoiding the looming conversation. She gets the nurse to bring me something to eat and

chose à manger et à boire.

«Je suis désolée», dit-elle finalement. Je peux dire qu'elle a été bouleversée tout ce temps et je ne sais pas comment la réconforter.

«De m'avoir sauvé la vie?» Elle secoue la tête. Je sais de quoi elle parle. Le fait que je sois ici signifie qu'une seule chose ait pu se produire; j'ai déjà relié les événements, même si j'étais déconnecté de ma conscience.

«Comment tu as su?» ai-je demandé.

«Je ne savais pas. Pas jusqu'à ce que j'arrive. Je savais juste ce que tu allais faire et je me suis sentie… obligée d'aider. Nous avions un mouchard sur la voiture de Malakhov depuis des mois.» Je ne peux pas me résoudre à lui en vouloir de s'être mise en danger. Mais je suppose qu'il est difficile de ne

drink.

"I'm sorry," she finally says. I can tell she's been upset the entire time and I don't know how to comfort her.

"For saving my life?" She shakes her head. I know what she's talking about. The fact that I'm here means only one thing could have happened; I connected the events already, even while disconnected from consciousness.

"How did you know?" I asked.

"I didn't. Not until I got there. I just knew what you were going to do and I felt...obligated to help. We've had a tracker on Malakhov's car for months." I can't bring myself to resent her for putting herself at risk. But I suppose it's hard not to admire

pas admirer quelqu'un qui vous sauve la vie. «Tu dois me croire; je ne savais pas qu'il était en vie.» Je note l'imparfait.

«Il me l'a dit. Tu as fait ce que tu avais à faire. Je tiens à dire qu'il le méritait.» J'ai fait entièrement confiance à cet homme pendant des années. Je n'ai jamais pensé qu'il me trahirait.

«Tu veux le dire, mais tu ne peux pas. Tu ne le crois pas.» Je ne l'admets pas et ne le conteste pas non plus.

Elle n'est pas comme la plupart des flics. Elle ne se vante pas de ce qui se passe, mais elle ne se plaint pas non plus. Juste calme et réfléchie.

Le soleil qui se déverse par la fenêtre brille derrière sa tête et assombrit les ombres de son visage. Je peux dire qu'elle n'a pas dormi. Elle a bravé les seuls ordres auxquels elle devait obéir et a fini par tuer un homme, peut-être

someone who saves your life. "You have to believe me that I didn't know he was alive." I notice the past tense.

"He told me. You did what you had to do. I want to say he deserved it." I trusted that man with my life for years. I never thought he would betray me.

"You want to say it, but you can't. You don't believe it." I don't admit or deny that.

She's not like most cops. She doesn't brag about what happens, but she isn't complaining either. Just quiet and reflective.

The sun spilling in from the window shines behind her head and darkens the shadows on her face. I can tell she hasn't slept. She defied the only orders she had to obey and ended up killing

deux.

«Rentre chez toi» dis-je. Toute cette affaire m'a mis en lambeaux, physiquement et mentalement. J'ai toujours été le type qui avait besoin de panser ses blessures dans la solitude. Je veux enlever cette chemise d'hôpital ridicule, m'habiller avec quelque chose de convenable et sortir de cet endroit. Mettre tout cela derrière moi aussi vite que possible. «Tu as pris soin de moi assez longtemps. Je pense que je supporterais d'être un peu délaissé maintenant.» Je tente d'adopter un sourire pour elle, mais elle ne me le rend pas et je renonce à cet effort.

Elle est debout. Elle tourne le dos vers moi.

«Je ne regrette pas ce que j'ai fait», dit-elle, en guise d'au revoir. «Je ne savais juste pas si tu l'autoriserais.»

a man, maybe two.

"Go home," I say. This whole situation has torn me up, physically and mentally. I've always been the type who needed to mend himself in solitude. I want to take off this ridiculous hospital gown and dress myself in something respectable, and get out of this place. Put it all behind me as fast as possible. "You've tended to me long enough. I think I could use a little neglecting now." I try to adopt a smile for her, but she doesn't return it and I abandon the effort.

She stands. She turns her back on me.

"I don't regret what I did," she says, in parting words. "I just didn't know if you would permit it."

Je ne lui aurais pas interdit de me sauver la vie. L'aurais-je laissée tuer Harrington... eh bien, ce n'était pas à moi de prendre la décision.

«Je te suis redevable. Je te dois tout.»

Elle hoche la tête vers moi et puis disparaît derrière la porte.

Je retire la fine couverture d'hôpital qu'ils ont mise au-dessus de moi, glissant une main sur les bandages qui couvrent une nouvelle cicatrice et des points de suture. Je vais porter cette nuit sur moi pour le reste de ma vie.

Harrington a un autre enterrement. Je n'y assiste pas. Vera et moi le manquons ensemble.

I wouldn't forbid her from saving my life. If I would have let her kill Harrington...well, it wasn't my decision to make.

"I'm indebted to you. I owe you everything."

She nods at me and then disappears behind the door.

I peel back the thin hospital blanket they have over me, sliding a hand over the bandages that cover a new scar and stitching. I'll carry around that night for the rest of my life.

Harrington has another funeral. I don't attend. Vera and I skip it together.

Une Nouvelle Colocation

Il faisait beau ce jour-là, quand Jessica arriva à New York, sans aucun nuage à l'horizon. Elle était heureuse d'être enfin en ville. Elle rêvait de venir vivre ici depuis qu'elle était enfant, et elle était attristée chaque fois qu'elle devait repousser ce projet, tant elle était impatiente de découvrir les monuments prestigieux et les obscurs restaurants locaux. Maintenant qu'elle était adulte, elle avait les moyens de payer son propre appartement. C'était une petit chambre dans un grand bâtiment, mais ce serait bientôt chez elle. Jessica était triste de quitter son ancienne maison, mais une fois qu'elle aperçut la silhouette des immeubles à l'horizon, elle fut heureuse d'être ici. Les rues principales étaient toujours bondées et agitées, mais la rue de son immeuble était plus tranquille et moins intimidante, ce qui la mit en confiance.

The New Roommate

It was a sunny day in New York when Jessica arrived, no cloudy weather to be seen. She was glad to finally be in the city. She had wanted to move here since she was a child and had been dismayed by every setback, longing for the famous landmarks and obscure local restaurants. Now an adult, she was able to afford her own apartment. It was a small room in a big building, but it would soon be her home. Jessica had been sad about leaving her old house, but once she saw the city skyline, she was happy to be here. The main streets were always crowded and busy, but her building's street was more empty and not as intimidating, which set her at ease.

Elle était aussi impatiente de rencontrer sa nouvelle colocataire : Ellie. Les appartements en ville sont chers. Pour éviter de payer un loyer exorbitant, elle avait cherché sur internet, et trouvé Ellie, une jeune fille qui vivait déjà en ville, et qui cherchait une colocataire. Elles avaient discuté un moment au téléphone, et Ellie semblait sympathique. Jessica avait déjà décidé que ce serait amusant ; quand elle vivait à la campagne, il lui arrivait de s'ennuyer. Explorer une nouvelle ville avec une nouvelle amie serait une aventure, ou du moins c'est ce qu'elle espérait.

Dans l'entrée de son nouvel immeuble, elle attendait que l'ascenseur redescende, pour pouvoir monter au 34ème étage. Dans chaque main, elle tenait une lourde valise. Elle portait son sac à main, bien plus léger que ses valises, en bandoulière sur son épaule.

She was also excited that she was going to meet her new roommate: Ellie. Apartments in the city weren't cheap. To help pay the expensive rent, she had looked online and met Ellie, a girl who already lived in the city and needed a roommate. They talked a little on the phone and Ellie seemed nice. Jessica had already decided it would be fun; when she lived in the country, it was sometimes boring. Exploring a new city with a new friend would be an adventure, or at least that was her hope.

She stood in the lobby of her new apartment building, waiting for the elevator to come down, so she could go up to the 34th floor. In each hand she carried a heavy suitcase. Her purse, much lighter than the suitcases, was draped over her shoulder.

Le 34ème étage était un long couloir de portes numérotées, toutes identiques. Mais elle n'eut pas à marcher loin, son appartement se trouvait près de l'ascenseur. Quelle chance, pensa-t-elle. Elle ne voulait pas être malchanceuse par un jour pareil. C'était comme si tout son futur dépendait de cette journée, même si l'appartement ne représentait qu'une petite partie de sa nouvelle vie. Il ne lui restait plus longtemps à porter ses valises. Ce n'était pas un immeuble historique cependant, son design était moderne. Même si la porte en elle-même avait l'air un peu ancienne. Elle ouvrit cette dernière avec sa nouvelle clé.

Elle prit une grande inspiration, et entra. L'appartement était à elle, c'était le début de sa nouvelle vie, et il était... vraiment sale. Jessica était bouche bée. Elle était quelqu'un d'ordonné, de très propre. Elle ne pouvait pas en croire ses yeux. Elle espérait très fort

The 34th floor was a long hallway of identical numbered doors. Her walk was short, though, when her apartment ended up being next to the elevator. That was lucky, she thought, and today was a day she really didn't want to be unlucky. It felt like her entire future hinged upon this day, even if the apartment was only a little part of her life. Now she didn't have to carry her suitcases as far. It wasn't a historic building, though, having a modern design. Though the door itself looked a little old. She let herself in with her new key.

She took a deep breath and stepped inside. The apartment was hers, it was the start of her new life, and it was-- really dirty. Jessica's mouth fell open. She was a very clean, organized person. She couldn't believe what

s'être trompée d'appartement, que tout ceci n'était peut-être qu'une erreur. Elle observa de plus près le salon. Des vêtements trainaient à droite à gauche et il y avait de la vaisselle sale sur la table basse.

«Qu'est ce...»

Soudain un homme apparut dans l'embrasure de la porte, grand, les cheveux courts et ébourrifés, avec un tatouage sur l'épaule. Il portait un pantalon de survêtement, et avait une brosse à dents à la bouche. Jessica fut à deux doigts de s'enfuir.

«Oh, salut», dit-il. Il se dirigea vers l'évier de la cuisine pour cracher. «J'imagine que tu es Jessica».

«Euh... Oui», parvint-elle à répondre. «Qui es-tu ?»

«Caden», répondit-il. «Je suis un ami

she was seeing. She wanted to doubt that this was her apartment, that maybe there had been a mistake. She stared at the living room. There were clothes lying around and dirty dishes on the coffee table.

"What…"

Suddenly, a tall man appeared in the doorway, with short, messy hair and a tattoo on one shoulder. He was wearing sweat pants and had a toothbrush hanging out of his mouth. Jessica very nearly ran.

"Oh, hey," he said. He walked to the kitchen sink and spat. "I guess you're Jessica."

"Uh-- yes," she managed to answer. "Who are you?"

"Caden," he answered. "I'm Ellie's

d'Ellie. Elle n'est pas là pour le moment, mais elle m'a dit que tu arriverais aujourd'hui. J'emprunte le canapé.»

Il vient juste de se réveiller ? pensa Jessica. Il est presque 15h ! Et qu'est ce qu'il veut dire par emprunter le canapé ? Elle allait devoir vivre avec ce drôle de gars ? Sans compter qu'en plus, il était paresseux. Ça ne marchera jamais. Jessica était quelqu'un de très actif. Elle aimait se lever tôt, vers 6h.Si elle se réveillait tard, cela gâchait toute sa journée, et elle considérait 15h comme pire que tard.

«Oh. Très bien. Je vais commencer à défaire mes valises...»

«Attends une seconde. Viens par là», dit Caden, se dirigeant tout à coup vers une des chambres. Jessica, un peu nerveuse, ne le suivit pas directement. «Un instant», dit-elle, et

friend. She's not in right now, but she said you'd show up sometime today. I'm borrowing the couch."

Just woke up? Jessica thought. It was almost 3 PM! And what did he mean by borrowing the couch? She suddenly had to live with some strange guy? Not to mention he was lazy, too. This would never work. Jessica was a very active person. She liked to be up early, around 6 AM. If she woke up late, it ruined her whole day, and she considered 3 PM worse than late.

"Oh. Well. I'll just go start unpacking--"

"Wait a sec. Come here," Caden said, suddenly motioning toward one of the rooms. Jessica didn't follow at first, nervous about this. "One second." She said, trying to

s'efforçant d'apparaître décontractée, elle se faufila à l'extérieur de l'appartement. Elle pensait que partager un appartement serait génial, mais la première impression était affreuse. Elle téléphona à sa présumée colocataire, qui la rassura bien vite en lui expliquant que Caden était gentil, et qu'elle serait rentrée d'ici une demi heure. Elle s'excusa à profusion. Apparemment, Caden était arrivé à la dernière minute.

Lorsque Jessica entra de nouveau dans l'appartement, Caden l'attendait à l'entrée d'une des portes. «C'est la chambre d'Ellie. Pas de souci, ça ne la dérangera pas. »

Jessica était réticente à le suivre, mais il avait l'air si impatient. Furtivement, elle jeta un coup d'oeil dans la chambre. Elle était un peu en désordre, mais quand même plus en ordre que le salon. Des vêtements et des livres étaient empilés, et les

appear relaxed, she slipped back outside the apartment. She thought having a roommate would be great, but this was an awful first impression. She called her supposed new roommate, who was quick to assure her that Caden was alright and that she'd be home in about a half-hour. There was a lot of apologizing as well. Evidently Caden had "dropped in" last minute.

After Jessica finally stepped back in the apartment, Caden was waiting in one of the doorways for her. "This is Ellie's room. It's alright, she won't mind."

Jessica was reluctant to follow and peeked around the corner, but he seemed so eager. Ellie's room was a little messy, too, but it was more orderly than the living room. Clothes and books were piled up, with boxes from when

cartons utilisés lors du déménagement s'entassaient dans un coin. Caden s'assit en tailleur, devant un petit poste de télévision, pendant que Jessica regardait autour d'elle. Ellie avait déjà épinglé aux murs un certain nombre d'affiches étranges, qui devait probablement provenir de films cultes des années 80. Dans un coin, Jessica remarqua un grand aquarium avec une lampe au-dessus. Elle s'avança pour regarder à l'intérieur. Quelque chose bougeait derrière la vitre... Une tête de serpent apparu soudain, se dressant au dessus d'une pierre. Elle laissa presque échapper un cri.

«C'est quoi ça ?» cria-t-elle, reculant en vitesse.

«Chut», répondit doucement Caden. «C'est Basile. Ne t'en fais pas, il est sympa».

Il n'était assurément pas sympa.

she had moved in were stacked in the corner. Caden sat down, cross-legged, in front of a little TV while Jessica looked around the room. Ellie had already put up a number of strange posters on the wall, which all looked like they were from popular movies from the 80s. In one corner, Jessica noticed a large glass cage with a light on top of it. She moved closer, peering inside. Something was moving behind the glass-- a snake's head suddenly lifting over a rock. She nearly screamed.

"What is that?" she yelled, quick to step back.

"Shhh," Caden answered, slow and soft. "That's Basil. Don't worry about him, he's cool."

He most certainly was not cool.

Jessica était terrifiée par les serpents. Elle n'aimait pas tout ce qui avait moins de deux jambes, ou plus de quatre. Les animaux à écailles n'étaient pas vraiment à son goût. Elle préferait un compagnon au poil doux, comme un chien ou un chat. Même les hamsters étaient préférables aux serpents. Elle lança un regard chargé de reproches à Basile.

Caden lui fit signe de s'assoir par terre avec lui. «Allez, va pas nous faire une crise cardiaque. Imagine si je dois expliquer ça à Ellie». Il riait, tandis que Jessica gardait les yeux rivés sur la cage. Comment était-elle censée dormir, avec *cette chose* ici ?

«J'adore les serpents.»

Jessica voulait lui dire qu'elle les détestait, mais elle ne voulait pas être méchante.

Jessica was terrified of snakes. She didn't like anything that had less than two legs or more than four. Scaly animals in general were not to her taste. She preferred fluffy companions, like dogs or cats. Even hamsters were better than snakes. She stared reproachfully at Basil.

Caden motioned her down to sit on the floor with him. "Come on, don't have a heart attack. I'd hate to explain that to Ellie," he laughed, while Jessica still watched the cage. How was she supposed to sleep here, when that thing was here?

"I love snakes."

Jessica wanted to say she hated them, but she didn't want to be mean.

«Pour moi, c'est le meilleur animal de compagnie possible. Mais il est à Ellie, pas à moi.» Elle ne pouvait pas imaginer un pire animal de compagnie, mais elle décida de garder ça pour elle.

«Oh,» dit-elle à la place. «Euh... Il a quel âge ?»

«Il est encore jeune. Tout juste un an. Ils peuvent vivre jusqu'à 20 ans environ» dit-il en haussant les épaules. Jessica gémit discrètement. Elle avait donc 3 colocataires désormais. Une jeune fille mystérieusement absente, un jeune homme et un serpent. Elle n'était pas sûre de les aimer pour le moment.

«Ellie trouve qu'il est adorable. Ne me dis pas que tu trouves sa petite tête repoussante.»

«Je ne veux vraiment pas le regarder à nouveau,» soupira Jessica, ce qui le

"Best pet there is, in my opinion. But he's Ellie's, not mine." She decided to keep it to herself that she couldn't think of a worse possible pet.

"Oh," she said instead. "Um...How old is he?"

"Not old at all. He's a young guy, only around a year old. They can live to be twenty or something," he shrugged. Jessica groaned to herself. So she had 3 roommates now. A mysteriously absent girl, a boy, and a snake. She wasn't sure she liked any of them just yet.

"Ellie thinks he's adorable. You can't tell me that little face is repulsive."

"I really don't want to look at it again," Jessica sighed, which

fit rire.

«Aller, jouons à un jeu. C'est la première chose qu'Ellie a sortie des cartons.

«Je ne suis pas bonne aux jeux vidéos.»

«Eh bien, si tu y jouais de temps en temps, tu deviendrais meilleure, et ça me permettrais d'apprendre à te connaître,» dit Caden, tout en tendant une manette à Jessica. Elle n'en avait vraiment pas envie. Elle avait déjà tant à faire, elle ne pouvait pas perdre son temps à jouer à des jeux puérils. Elle avait passé l'âge depuis longtemps, et aimait se considérer comme quelqu'un de mature. Sans oublier qu'elle était fatiguée, son énergie habituelle ayant été drainée par le trajet.

«J'ai fait un long voyage. Je crois que je vais déballer mes valises et faire

made him laugh.

"Come on. Let's play a game. Ellie unpacked all of them first."

"I'm bad at video games."

"Well, if you play some, you'll get good, and it helps me get to know you," Caden said, and pushed a controller at Jessica. She really didn't feel like it. She had so much to do already, she couldn't waste time playing juvenile games. She had outgrown them a long time ago and liked to consider herself mature. Not to mention she was tired, her usual energetic personality drained from traveling.

"I had a long trip. I think I'll unpack and take a short nap." It

une petite sieste.» Ce n'était pas entièrement faux. Elle avait sommeil et espérait qu'un peu de repos la réveillerait un peu.

«C'est toi qui décide, patron.» répondit Caden, tout en lançant un jeu. «Mais tu vas devoir devenir amie avec nous, un jour ou l'autre.» Il lui lança un sourire effronté. Jessica ne voulait pas avoir l'air docile, mais elle prit ce sourire comme une permission, et alla dans sa chambre. Elle espérait qu'au réveil, les choses ne seraient pas aussi horribles, et que peut-être Caden serait parti.

Deux semaines passèrent, et Jessica avait rapidement compris que vivre avec Ellie et Caden allait être étrange. Ils se comportaient comme des frères et sœurs, alors qu'ils n'était pas de la même famille. Pour Caden, c'était normal de commander à manger à 3h du matin, de jouer de la musique la

wasn't entirely a lie. She was sleepy and hoped a rest would make her more wakeful.

"Your choice, boss." Caden answered, while starting up a game. "But you're going to have to get friendly with us eventually." He gave her a bold smirk. Jessica didn't want to seem meek, but took that as permission and went into her room. She hoped that when she woke up, things wouldn't seem quite so horrible and maybe Caden would be gone.

Two weeks later Jessica was quickly learning that living with Ellie and Caden was going to be strange. They treated each other as brother and sister, despite not being related. For Caden, it was usual to order takeout at 3 AM, to play music during the night, and

nuit, et de disparaitre régulièrement sans prévenir. Ellie était un peu excentrique (avec son stupide serpent domestique), mais elle était plus calme que Caden, qui était fier d'être libre et insouciant. Elle savait qu'elle avait l'air terne, rongée par les soucis comparé à eux deux. Ellie était souvent absente, elle aussi, mais il était rare qu'elle ne prévienne pas auparavant. Mais dans ce cas, Jessica et Caden se retrouvaient seuls tous les deux plus longtemps qu'elle ne l'aurait voulu.

Il considérait tout l'appartement comme étant sa propriété, ne comprenait pas qu'elle considérait sa chambre comme un espace privé, et se permettait d'y entrer comme il voulait. C'était comme si il avait besoin d'une nounou, il cherchait constamment à attirer l'attention sur lui, en bien ou en mal. Tout était sujet à dispute, et même leur bataille silencieuse pour le contrôle de la

to frequently vanish without any warning. Ellie had her quirks-- and that stupid pet snake-- but she was tame compared to Caden, who took pride in being wild and carefree. She knew she seemed careworn compared to both of them. Ellie was gone often, too, but it was rare that she forgot to give notice. Except that sometimes left Jessica and Caden alone for longer than she'd like to deal with him.

He treated the entire apartment as if it was his public property and didn't understand that her bedroom was a private space, when he'd let himself in. It was like he needed a babysitter, constantly wanting attention, good or bad. Everything was a disagreement, even the silent battle as they fought for control of the temperature, which had

température de l'appartement s'était transformé en un différend bruyant. Caden aimait garder l'appartement frais, alors que Jessica le préférait chaud. Elle n'aimait pas dormir en Arctique. Elle commençait à redouter de le croiser. La nouvelle dispute semblait toujours pire que la précédente, mais il ne les prenait jamais vraiment au sérieux. Comme si elles n'étaient que des plaisanteries pour lui, et peut-être était-ce le cas. Ces disputes n'étaient jamais violentes. Juste des différends bénins, mais constants.

Il était presque inutile de se disputer avec lui. Il n'y avait jamais rien à en tirer.

Malgré ces aspects négatifs, il y avait du bon à vivre avec eux. Ils *connaissaient* la ville. Ils avaient tous les deux grandi ici. Pourtant, Jessica ne parvenait pas à en profiter. Son

turned into a noisy disagreement at one point. Caden liked to keep the apartment cool, while Jessica preferred it warm. She didn't enjoy sleeping in the arctic. She was starting to dread running into him. The next argument always seemed to be worse than the previous one, but he never seemed to take them seriously. It was like they were just jokes to him, and maybe they were. The arguments were never violent. Just mild, but prolonged disagreements.

It was almost pointless to argue with him. There was never anything valuable to be gained from it.

For all the negative things, there were a few positive aspects about living with the two. They knew the city. Both of them had grown up here. Still, Jessica didn't get to

déménagement sur New York s'était accompagné d'une promotion dans son entreprise, et les nouvelles responsabilités de son poste de comptable ne lui laissaient que peu de temps libre dans la semaine. Et la situation de la colocation ne l'aidait pas à rester saine d'esprit.

Cependant, une nuit, après une journée très stressante et une légère crise de nerfs, il l'emmena sur le toit. Sa souffrance mentale commençait à se transformer en migraine. Elle essaya de l'avertir qu'elle ne serait pas la meilleure des compagnies, mais il insista qu'être seul était toujours pire qu'être mal accompagné. Elle savait qu'il était toujours sociable même avec des inconnus. C'était plutôt plaisant d'avoir quelqu'un capable de parler de tout et n'importe quoi, même si il parlait tellement que cela en devenait parfois désagréable.

Ils gravirent un escalier étroit menant

see too much of that. Her move to New York had also come with a promotion with her company and her account job's crazy new responsibilities kept her busy through most of the week. Not that home lift was helping to keep her sane.

One night, though, after a day of extreme stress and a slight emotional breakdown, he took her up to the roof. Her mental pain was turning into a physical headache. She tried to warn him that she wouldn't be the best company, but he insisted that no company at all was worse than sad company. She could tell he was always sociable, even with strangers. It was kind of nice to have someone who would talk about anything, even if he talked so much it became unpleasant.

They climbed a narrow staircase

à un large toit, entièrement vide. Le vent était rude et froid là haut, alors dans la rue qu'on ne sentait qu'une légère brise. Le ciel était sombre et les lumières de la ville brillaient partout où elle regardait. C'était une vue époustouflante.

«Ouah,» souffla-t-elle doucement.

«Oui, c'est la seule chose que je n'aime pas dans cette ville.»

«Quoi ? Tu n'aimes pas ça ?» demanda-t-elle, en essayant de contrer la lassitude qu'il laissait percer dans sa voix en utilisant son ton le plus énergique.

Il hocha de la tête, en pointant vers le ciel. Elle leva les yeux, elle aussi, vers le ciel vide au dessus d'eux.

«Aucune étoile. Elles disparaissent à cause des lumières de la ville.» Elle

that lead up to a wide, empty roof. The wind was cold up there and harsh, when down in the street it was just a gentle breeze. The sky was dark and the city lights were bright and glittering every way she turned. It was a breathtaking sight from here.

"Wow," she breathed quietly.

"Yeah. This is the only thing I don't like about the city."

"What? You dislike this?" she asked, trying to counter his weary voice with a more energetic tone of her own .

He nodded, pointing up. She glanced up, too, at the empty sky above them.

"No stars. They get washed out because of the city lights." She

n'avait rien remarqué, mais il avait raison. Au dessus d'eux, là où habituellement devrait briller une multitude d'étoiles, il n'y avait qu'un ciel vide.

«Je n'avais pas remarqué,» admit-elle. Elle s'emmitoufla dans sa veste légère pour essayer de rester au chaud. C'était dur de se prémunir du vent là-haut, mais il se déplaça pour l'en protéger. Elle réalisa soudain qu'il n'y avait rien d'ordinaire chez lui. Il était même très beau, malgré la première impression qu'il lui avait donné. Elle essaya d'oublier cette pensée.

«Je parie que là d'où tu viens, il y a des étoiles.»

«Ce n'est pas parce que tu ne peux pas les voir qu'elles ne sont pas là,» répondit-elle, en levant les yeux au ciel. «Mais oui, tu peux voir les étoiles

hadn't noticed, but he was right. Above them, where usually it would be bursting with stars, it was a blank slate.

"I hadn't noticed," she admitted. She pulled her soft jacket around her, trying to stay warm. It was hard to stay out of the wind up there, but he moved to block it from her. It occurred to her suddenly that there was nothing homely about him. He was actually handsome, despite the first impression she'd had of him. She tried to shake that thought off.

"I bet they have stars where you're from."

"Just because you can't see them doesn't mean you don't have stars," she remarked, rolling her eyes. "But yeah, you can see

là où j'ai grandi. Avec mon papa, on s'amusait à chercher les constellations.»

«C'est bien ce que je pensais. Tu as l'air de quelqu'un qui a grandi en regardant les étoiles.»

Elle ne comprit pas ce que cela signifiait, et elle jeta un coup d'oeil curieux dans sa direction, mais son regard était à nouveau perdu dans les lumières de la ville, et tout à coup, il avait l'air de quelqu'un qui ne voulait pas être dérangé.

Un samedi soir, Jessica rentrait à la maison, lorsqu'elle reçut un jet d'eau au visage en passant le pas de la porte. Elle chancela en arrière.

«Regarde ce que j'ai acheté,» Caden souriait de toutes ses dents, un pistolet à eau à la hanche.

them where I grew up. I used to point out constellations with my dad."

"Thought so. You look like someone who grew up looking at stars."

She didn't know what that meant, glancing at him curiously, but his gaze was focused out, on the city lights again, and all at once he seemed like someone who didn't want to be interrupted.

It was a Saturday evening when Jessica came home, only to get squirted in the face with water when she walked through the doorway. She reeled back.

"Look what I bought," Caden grinned at her, holding a plastic water pistol at his hip.

«Tu as 5 ans ?» demanda Jessica avecun soupir résigné. Elle ramena en arrière quelques mèches de cheveux collés à son visage humide, et attrapa un torchon pour s'essuyer, mais Caden l'aspergea d'eau à nouveau.

«Vraiment ?» Elle s'élança sur Caden pour essayer de lui prendre le jouet des mains. Elle se retrouva avec de l'eau plein la figure.

«D'accord, très bien, j'abandonne !» dit-elle.

«J'ai gagné,» s'écria Caden en tirant des jets d'eau en l'air en signe de victoire. Vaincue, Jessica soupira et essora l'eau de ses cheveux. L'humidité rendait ses cheveux lisses frisés. Elle était contrariée, mais il ne semblait pas s'en préoccuper. Son visage était fendu d'un large sourire alors qu'elle lui lançait un regard noir.

"Are you 5 years old?" Jessica asked with a resigned sigh. She wiped a few strands of hair back from her damp face and reached for a dish towel to dry off with, only to have Caden spray water on that, too.

"Seriously?" She ran at Caden, to try and wrestle the toy away from him. She ended up with a faceful of water.

"Alright, okay, I give up!" she said.

"I win," Caden declared, shooting a victorious stream of water into the air. Jessica sighed in defeat and squeezed water out of her hair. Water always made her smooth hair turn frizzy. She was annoyed by this point and he hardly seemed to care. His mouth was a curved grin, while she glowered at him with a straight,

«Non, vraiment, c'est quoi ton problème?» demanda-t-elle. «Littéralement à chaque fois que je rentre à la maison, tu me tournes autour ou tu es bruyant. Ou peut-être devrait tu me dire ce qui va bien chez toi. La liste sera surement plus courte!»

« Vas-tu apprendre à te détendre ? » se moqua-t-il.

Ne retourne pas ça contre moi juste parce que je ne suis pas une sangsue qui vit sur le dos de mes amis ! Pourquoi est-ce que tu vis encore ici ?» demanda-t-elle. Elle avait voulu rester polie et ne pas aborder le sujet. Auparavant, cela lui semblait impoli de poser la question, mais maintenant, elle n'allait plus s'embêter avec la politesse. S'il le fallait, elle était prête à combattre son comportement énervant par la

disapproving frown.

"No, seriously, what is wrong with you?" Jessica asked. "Literally every time I come home, you're hovering or being loud. Or maybe you should tell me what's right with you. It would be a shorter list!"

Caden scoffed. "Will you learn to relax?"

"Don't make this about me just because I'm not some child who leeches off of my friend! Why are you even staying here?" she demanded. She had wanted to be polite and not bring it up. It seemed rude to ask before, but now she wasn't as concerned with being nice. She would fight his annoying behavior by being mean if she had to.

47

méchanceté.

«Parce que je n'ai nul part où aller!»

«Évidemment! Mais pourquoi ?» elle a crié. «Qu'est-ce que tu fais vraiment de tes journées, à part trainer là et jouer à des jeux vidéos stupides?»

«Eh bien, je peux te dire ce que je ne fais pas. Je ne reste pas là à écouter les conneries qui sortent de la bouche de personnes qui se croient au dessus des autres!»

«Pardon?» demanda-t-elle d'une voix aiguë.

«Tu m'as bien entendu,» répondit-il. «Je ne vais pas m'excuser d'avoir été direct.» Il la contourna et partit en trombe dans la chambre vide d'Ellie. Il dormait normalement sur le canapé. Elle s'avachit sur ce dernier. Elle n'était même pas sûre de ce qui lui

"Because I don't have anywhere else to go!"

"Obviously! But why?" she yelled. "What do you even do, besides sitting around and playing stupid games?"

"Well, I can tell you what I don't do-- I don't stand around and listen to crap like this from people who think they're so much better than everyone else!"

"Excuse me?" She demanded, her voice sharp.

"You heard me," he answered. "I'm not going to apologize for being blunt about it." He moved around her, storming off toward Ellie's empty room. He slept on the couch normally. She slumped onto it. She wasn't even sure

avait pris, ou pourquoi elle s'en était prise à lui. Prise de remords, elle se demandait si elle n'avait pas été trop dure. Après tout, elle n'avait pas la moindre idée de pourquoi il était ici.

Lorsqu'il réapparut, Jessica avait déjà préparé des excuses formelles. Elle n'était pas sûre que cela fonctionnerait avec quelqu'un d'aussi décontracté et insouciant que Caden. Elle voulait un lieu de vie calme et paisible, et elle ne faisait qu'empirer les choses avec ces disputes bruyantes pour des détails. Peut-être était-elle trop sérieuse parfois.

Rassemblant son courage pour s'excuser, elle se tourna vers lui, lorsqu'il jeta une sorte de livre sur le comptoir en face d'elle.

«Tiens.»

Elle était perplexe. «Qu'est ce que

what had come over her or why she'd snapped at him. Full of doubt, she wondered if maybe she had been harsh. She had no idea why he was here after all.

When he reappeared again, Jessica had already prepared a formal apology. She didn't know how that would work with someone as casual and carefree as Caden. She wanted a quiet, peaceful home life, and she was only making it worse by having loud arguments over silly things. Maybe she was too serious sometimes.

Bracing herself to apologize, she turned to face him, when he suddenly threw some kind of book onto the counter in front of her.

"Here."

She was confused. "What is this?"

c'est ?»

«Tu m'as demandé ce que je faisais. C'est ce que je fais.»

Elle lui jeta un coup d'oeil, et ses excuses s'émiettèrent dans sa bouche. D'habitude si joyeux, il était maintenant morose, et elle savait que c'était de sa faute. Au lieu de s'excuser, elle ouvrit le carnet à spirale. Elle découvrit un carnet de croquis. Et ce qu'il contenait était bien plus beau que ce qu'elle pouvait imaginer. Elle commençait à regretter toutes les horribles choses qu'elle lui avait dites.

«Tu es très bon,» admit-elle, et elle était honnête. Elle espérait qu'il ne croyait pas qu'elle disait ça juste pour se réconcilier. Maintenant elle comprenait pourquoi il était pauvre. Non pas que Jessica et Ellie fussent riches, mais lui ne pouvait même pas se permettre de payer un loyer. Il était

"You asked me what I do. This is what I do."

She glanced at him, the apology teetering on her tongue. Usually so cheerful, he was now gloomy and she knew it was her fault. Instead, she flipped open the spiral-bound book. It was a sketchbook, she realized. And what was inside of it was far more beautiful than she would have ever expected. She was starting to regret all the ugly things she had said to him.

"You're very good," she admitted, and she was being honest. She hoped he didn't think she was being insincere just to make up with him. It made sense why he was poor now. Not that Jessica and Ellie were rich, but he couldn't even afford his own

probablement difficile d'être un artiste dans une ville comme New York. Elle soupira et s'excusa. «Je suis désolée pour ce que j'ai dit. J'étais juste contrariée. Parfois, j'ai l'impression que tu fais des trucs juste pour m'énerver.»

«Non,» il l'interrompit. «C'est ma faute. Je cherche juste à attirer ton attention. Et parfois, j'ai l'impression que tu vas faire une rupture d'anévrisme si tu ne te détends pas un peu, donc j'essaye de... je ne sais pas, t'amuser.» Il s'essaya à un large sourire, mais son ton le trahissait, il n'était pas convaincant. Elle pouvait bien voir qu'il était fâché.

«Pourquoi cherches-tu à attirer mon attention?» demanda-t-elle avec hésitation.

«Allez. Tu vis avec moi et tu n'as rien remarqué?»

place. Being an artist in a city like this was probably difficult. She sighed and went through with her apology. "I'm sorry I said what I said. I was just annoyed. Sometimes I think you do things just to make me upset."

"No," he interrupted. "That's my fault. I do things just to get your attention. And sometimes I think you might have an aneurysm if you don't relax a little, so I try to...I don't know, amuse you." He tried for a convincing grin, but with his tone, it was still unconvincing. She could tell he was upset.

"Why do you want my attention?" she asked, doubtfully.

"Come on. You live with me and you haven't noticed?"

Une lourde sensation de chute se fit sentir dans son ventre. Elle était loin de tirer trop vite des conclusions, mais elle savait peut-être dans quelle direction se dirigeait la conversation. Ce n'est pas qu'elle était bête, mais elle n'a jamais été vraiment futée avec les garçons. Alors que la plupart des filles semblaient gracieuses, et se sentait maladroite avec les émotions et les relations.. C'était probablement pour cela qu'elle n'en avait pas eu depuis si longtemps.

«Qu'est ce que j'aurai du remarquer ?»

Il soupira et secoua la tête. «Je pensais avoir été clair.» Elle avait l'impression que rien n'était clair, que tout était obscur et confus. Elle pensait qu'il avait été insensible à son égard, et non pas qu'il cherchait son approbation.

«Tu n'as pas remarqué que j'essayais de t'inviter à sortir ?»

A sinking feeling close to falling was starting in her stomach. She was far from jumping to conclusions, but she sensed she might know where this was going. She'd been truly stupid if it was, but no one had ever called her smart when it came to boys. While most girls seemed graceful, she felt clumsy with emotions and relationships. It was why she hadn't had one in such a long time.

"What was I supposed to notice?"

He sighed and shook his head. "I thought I made it clear." She didn't feel like anything was clear, it was all murky and confusing. She thought he'd been insensitive toward her, not caring or wanting her approval.

"Haven't you notice me trying to drag you out on dates?"

«Je pensais que tu voulais juste me faire visiter la ville.»

«Je veux te faire visiter la ville ! Mais tu sais, ensemble ?»

Elle se mordit la lèvre. Elle se sentait comme si elle avait été cruelle avec lui. Ce n'est pas ce qu'elle avait voulu. Elle ne savait juste pas qu'il essayait d'être gentil. Elle était déçue de son propre comportement. Elle regarda les superbes dessins qui s'étalaient sur chacune des pages. Certains étaient abstraits, d'autres réalistes. Ils avaient tous l'air professionnels, comme si il avait passé de longues heures à s'entraîner chaque jour, et les résultats étaient formidables.

Elle tourna les pages vers un dessin plus récent, au fusain noir sur papier blanc. Elle reconnut la vue, les lignes fines et épaisses formant la silhouette des immeubles de New York. Là où les lumières de la ville auraient dû être,

"I thought you just wanted to show me the city."

"I do want to show you the city! You know, together?"

She bit her lip, feeling as she'd been cruel to him. She hadn't wanted that. She just didn't know he was actually being kind. It was disappointing, realizing how she had been acting. She looked at the impressive drawings on each page. Some were abstract and others realistic. They all seemed professional, though, as if he spent tedious hours practicing this every day, but the results were exciting.

She flipped the page over to a recent drawing, black charcoal against white paper. She recognized the view, the thick and thin lines making up the New York skyline. Where the brilliant city

les fenêtres étaient sombres et obscures, et le ciel était rempli d'étoiles. Il avait fait preuve d'attention en lui montrant cette vue, et elle avait lui avait manqué d'égards en retour.

« J'ai peut être été trop optimiste. »

«Non, ce n'est pas vrai,» l'interrompit-elle. «Je n'avais juste pas compris ce que tu faisais. Et c'est déprimant, les pessimistes.»

«Mais au moins, ils ne sont jamais déçus.»

«Qui a dit que tu allais être déçu?» répliqua-t-elle, en le regardant droit dans les yeux. Il avait l'air hésitant, comme s'il ne voulait pas tout à fait comprendre ce qu'elle voulait dire. «On pourrait aller quelque part,» elle suggéra. «Peut-être un des

lights should have been, the windows were obscure and dark, and the sky was cluttered with stars. It had been thoughtful of him to take her up there and she'd been inconsiderate toward him.

"Maybe I was too optimistic."

"No, that's not true," she interjected. "I just didn't understand what you were doing. And being a pessimistic person is depressing."

"At least you're never disappointed that way."

"Who says you're going to be disappointed?" Jessica countered, glancing up at his face. He looked hesitant, not fully willing to be decisive about what she meant. "We could go somewhere," she suggested.

restaurants typiques dont tu parles tout le temps ?» Elle espérait avoir l'air douce, pour dissiper toute amertume entre eux.

Son sourire grandissait à vue d'oeil. Elle lui rendit un petit sourire sournois de son cru.

«Est ce que je peux garder celui-ci?» Elle pointa le dessin avec les étoiles. Il esquissa un sourire suffisant en réalisant qu'elle aimait son travail, et hocha la tête.

«Il est tout à toi.» On pouvait entendre de la fierté dans sa voix.

«Merci,» dit-elle. Elle rougit, et le rose de ses joues ressortit sur sa peau blanche.

«Maintenant attrape ton manteau. Et sèche tes cheveux,» ajouta-t-il. En

"Maybe one of those local restaurants you keep bragging about?" She hoped she sounded sweet, to get rid of the sour feelings between them.

His growing smile was obvious. She returned it, with a sneaky little grin of her own.

"Can I have this one?" She made a modest motion to the picture of the stars. He gave a smug grin that she liked his work, and nodded.

"It's all yours." Some pride had crept into his voice.

"Thank you," she said, her rosy cheeks a standing out against pale skin as she blushed just a bit.

"Now grab your jacket. And dry off your hair," he added, for which

réponse, elle lui tapa sur le bras avec le carnet alors qu'il s'enfuyait vers le séjour. Elle couru rapidement après lui, tout en riant.

she smacked him on the arm with the book while he ran off to the living room. She quickly chased after him, laughing as she went.

Planète XY

Le cockpit tremblait violemment alors que le vaisseau spatial s'approchait de l'atmosphère de la planète.

Max cria « Je ne peux plus le stabiliser».

« Pas la peine de hurler ».

L'extérieur du vaisseau était en train de se désagréger, tandis que l'intérieur était éclairé par de nombreux clignotants rouges.

Le vaisseau pouvait exploser d'un instant à l'autre.

Il n'était équipé d'aucun mécanisme de défense pour résister aux attaques.

« Dépêche-toi ! »

« J'essaye».

Max et Victoria sont des chasseurs

Planet XY

The cockpit trembled violently as the spaceship skimmed the planet's atmosphere.

Max shouted, "I can't maintain balance any more!"

"Yelling won't help."

Metal pieces were ripped off from the exterior, while the interior was lit up with red warning lights.

The spaceship might explode any second.

It didn't have any defense mechanism to withstand attacks.

"Hurry up!"

"I'm trying.

Max and Victoria are professional

de primes professionnels.

Bounty Hunters.

Ils capturent des fugitifs pour l'argent.

They capture fugitives for money reward.

Ils ne sont pas censés venir dans ce secteur de l'espace.

They are not supposed to appear in this space territory at all.

Ne pas être capturé est une question de vie ou de mort.

Being caught is a matter of life and death.

« Atterris! »

"Land now!"

Elle pouvait voir le sol de la planète qui contrastait avec le ciel ambré.

She could see the planet's ground against the amber-colored sky.

Max dit : « Accroche-toi», tout en essayant de ralentir.

"Hold tight." Max said, trying to slow down.

Par chance ils avaient percé l'atmosphère au-dessus de la terre ferme et pas au-dessus de l'océan.

It was pure luck that they had breached the atmosphere over land instead of over ocean.

« Il nous faut atterir TOUT DE SUITE ».

"We have to land IMMEDIATELY!"

Victoria tendit la main et voulut appuyer sur le bouton "Pilotage en Urgence".

Victoria reached out her hand and wanted to press the "Emergency Pilot" button.

« Non ! ». Il attrapa son poignet.

"No!" He grabbed her wrist.

« Si le vaisseau crashe, nous ne pourrons jamais rentrer ».

"If this spaceship crashes, we'll never be able to go back."

« Ça vaut mieux que d'être mort ».

"That's better than dead!"

Il essaya frénétiquement de reprendre le contrôle.

He frantically tried to regain control.

Sans succès.

Without success.

Elle vit dans ses yeux que l'espoir avait laissé place au désespoir.

She could see that the hope in his eyes turned into despair.

Le vaisseau commença une descente d'urgence automatique.

The ship started automatic emergency descent.

L'écran était rempli de messages d'erreurs.

System errors were all over the screen.

« Allons-y ! »

"Let's go!"

Ils allèrent à la capsule d'évacuation d'urgence située à l'arrière du vaisseau.

They moved to the emergency escape capsule at the back of the ship.

Un petit écran apparut.

A small screen appeared.

Max régla la trajectoire de descente.

Max manually set the trajectory of the descent.

Silence.

Silence.

Puis la porte pressurisée s'ouvrit.

Then the pressurized door opened.

Max et Victoria furent éjectés dans l'atmosphère en quelques secondes.

Within seconds Max and Victoria were ejected into the atmosphere.

Victoria garda les yeux fermés.

Victoria kept her eyes shut.

Quand elle les rouvrit, elle vit qu'elle était couchée sur des branches d'arbres rouges.

When she opened her eyes again, she found herself lying on red tree branches.

D'après les données qu'elle avait pu recueillir sur cette planète, Victoria savait que celle-ci avait autrefois été habitée.

From the brief data she had collected about this planet, she knew it had once been inhabited.

Elle ignorait si c'était toujours le cas.

Whether that was still the case, she didn't know.

Max cria « Victoria ! »

"Victoria!" Max shouted.

Victoria eut peur que ces cris

Victoria was worried that his

attirent le danger.	*shouts might cause danger.*
Sur une planète étrangère, la sécurité n'était jamais garantie.	*There was no guarantee for safety on a foreign planet.*
Elle avait un pistolet à la hanche et un couteau dans sa botte.	*She had a gun on her hip and a knife in one boot.*
Mais c'était tout de don't elle disposait.	*But that was all.*
Pas de ravitaillement.	*No supplies.*
Elle répondit « Je suis là ! »	*"I'm here!" She shouted back.*
Elle regarda autour d'elle pour essayer de s'orienter.	*She looked around, trying to get a sense of direction.*
Mais elle pouvait à peine reconnaitre le nord du sud, ou l'est de l'ouest.	*But she could hardly distinguish North from South, or East from West.*
Elle ne pouvait même pas identifier la saison.	*She couldn't even tell the season.*
Toutes les plantes sur cette planète étaient rouges ou bleues, même l'herbe.	*All the plants on this planet were either red or blue, including the grass.*

L'air était chaud et humide.

The air was warm and humid.

Été ? Hiver ? Elle n'en avait pas la moindre idée.

Whether it was summer or winter, she had no idea.

Elle leva la tête et remarqua que les arbres étaient vraiment gigantesques.

She raised her head and noticed that the trees were unusually huge.

Elle avait l'air d'une naine côte à côte avec un géant.

She was like a dwarf next to a giant.

Max vint vers elle.

Max came to her.

Elle lui demanda « Comment va-t-on faire pour rentrer? »

"How do we go back?" She asked him.

«Il faut d'abord survivre. Il nous faut du feu et de l'eau ».

"Survive, first. We need fire and water."

Elle fut impressionée par la vitesse à laquelle Max était passé d'une fin à un nouveau début.

She was impressed at how quickly Max had switched from one ending to the next beginning.

« Où sommes-nous? »

"What is this place?"

« Planète XY. C'est la planète avec une atmosphère respirable qui est la plus proche de Néo-Mars. Une

"Planet XY. It is the closest planet to Neo-Mars that has a breathable atmosphere. An alien race once

race extraterrestre a vécu ici. Peut-être qu'ils sont encore là ».

lived here. Maybe they still do."

« Quoi d'autre ? » demanda Max.

"Anything else?" Max asked.

« L'eau de cette planète peut rendre les humains fous. Il vaut mieux l'éviter, pour notre santé mentale. »

"The water here could cause madness in humans. We may lose sanity if we drink it."

« Ne sois pas pessimiste » dit-il, bien qu'il ne fût pas très optimiste lui-même.

"Don't be a pessimist," he said, even though he was no optimist himself.

Leurs armes étaient leur seul atout.

The only advantage they had were their weapons.

Mais l'absence d'un kit de survie était un handicap qui pouvait leur coûter cher.

But the lack of survival kit was a disadvantage that could cost them dearly.

Ceux qui cherchent la sagesse ont toujours un kit de survie avec eux, ceux qui cherchent la folie pensent qu'ils n'en auront jamais besoin.

Hunters of wisdom always have a basic emergency kit with them, while hunters of folly think they would never need one.

Malheureusement, ils appartenaient à la deuxième catégorie.

Unfortunately, they belonged to the latter.

Le jour était en train de laisser

Day was turning into night.

place à la nuit.

L'obscurité envahissait la planète.	*Darkness covered the planet.*
Victoria piétina le feu pour l'éteindre, pour éviter d'attirer des prédateurs.	*Victoria stomped out the fire, to avoid attracting predators.*
Elle n'avait aucune envie de servir de proie à des créatures extra-terrestres.	*She didn't want to fall prey to alien creatures.*
Le silence était total.	*It was entirely silent.*
Ils s'allongèrent sous un arbre rouge pour se reposer.	*They lay down under a red tree to rest.*
L'arbre était nu et n'avait pas la moindre feuille.	*The tree was bare and had not even a single leaf.*
Victoria eut du mal à s'endormir sur cette planète étrange.	*Victoria found it difficult to sleep on this strange planet.*
Elle fut submergée par la tristesse.	*Sadness overwhelmed her.*
Ils avaient perdu le vaisseau spatial.	*They lost the spaceship.*
Il avait été leur maison, la source	*It had been their home, their*

de leur bonheur, tout.

source of happiness, their everything.

Max murmura: « Victoria ? »

"Victoria?" Max whispered.

Elle se tourna vers lui dans l'obscurité.

She turned to Max in the darkness.

« Il n'y avait pas de feuilles sur l'arbre, tout à l'heure ? »

"There weren't leaves on the tree before, were there?"

Au-dessus de sa tête, les feuilles l'empêchaient de voir les étoiles.

Overhead, the silhouette of leaves blocked out the stars.

Elle était certaine que l'arbre était nu.

She was certain that the tree was bare.

« Comment est-ce possible?», demanda-t-elle.

"How is that possible?" she asked.

«Certaines fleurs fleurissent sous la lune, et non pas au soleil. Les plantes sont peut-être comme ça ici. »

"Some flowers only bloom under the moon instead of the sun. Maybe the plants here are like that."

Elle réfléchit sur ce sujet, levant les yeux vers l'arbre alors que la canopée s'épaississait.

She mused on that, gazing up at the tree as the canopy grew thicker and thicker.

Elle l'observa jusqu'à ce que le sommeil finisse par l'envahir.

She was watching it until she finally fell sleep.

L'aube arriva trop tôt et trop lumineuse, contrairement aux couleurs douces du crépuscule, quand tout semblait être teinté de brun et de rouge.

Dawn came too early, and too bright, unlike the soft colors of dusk, when everything seemed to be shaded in brown and red.

Au réveil, ils décidèrent de se mettre à la recherche de la civilisation, en suivant la rivière qu'ils avaient traversée la veille.

After waking up, they decided to set out to find civilization, following the river they'd come across earlier.

Le voyage fut long et silencieux.

The journey was long and quiet.

De temps en temps, ils apercevaient des animaux qu'ils n'avaient jamais vus auparavant.

Occasionally, they spotted animals that they had never seen before.

Des créatures semblables à des lézards, avec de nombreuses pattes.

Lizard-like creatures with many legs were everywhere.

Mais pas d'êtres humains ou d'êtres ressemblants à l'homme.

But there were no human beings, or, human-like beings.

Pas d'amis ou d'ennemis potentiels.

No potential enemies or friends.

Ils franchirent des collines et traversèrent des vallées.

They trekked over hills and through valleys.

Le paysage ressemblait à l'automne, mais l'air riche et fleuri sentait le printemps.

The landscape looked like autumn, but the air smelled like spring, rich and flowery.

Victoria et Max débattirent pour établir s'ils se dirigeaient vers l'est ou vers l'ouest.

Victoria and Max argued on whether they were heading towards East or West.

Victoria pensait « Quelle différence cela fait-il ? »

"But what difference does that make?" Victoria thought.

Les directions ne servaient à rien ici.

Directions meant nothing to them here.

Ils marchèrent du matin jusqu'au soir.

They walked from morning until evening.

Leurs pieds les faisaient souffrir.

Their feet were aching.

Max ne se plaignit pas une seule fois, et elle non plus.

Max never complained, so neither did she.

« Cet endroit ressemble au paradis, mais c'est un véritable enfer », murmura Victoria alors qu'ils avaient arrêté de marcher et se

"This place looks like heaven, but feels like hell," Victoria mumbled, once they had stopped walking and started to prepare camping for

préparaient à camper pour la nuit.

the night.

Elle aurait voulu être dans leur vaisseau spatial, son estomac était douloureux à cause de la faim, et la soif lui donnait mal à la gorge.

She missed their spaceship, and her stomach ached from hunger and her throat was sore from thirst.

«Je vais jeter un coup d'œil sur la crête, pour vérifier que cet endroit est sûr pour la nuit », dit Max.

"I'm going to take a look over the ridge, to make sure it's alright to settle down here for the night." Max said.

Elle acquiesça et commença à faire du feu.

She nodded and started to make a fire.

Ils avaient réussi à tuer une de ces créatures ressemblant à un lézard et espéraient la faire bouillir pour dîner.

They had managed to shoot one of those lizard-like creatures and hoped to boil it for dinner.

Max revint soudainement.

Suddenly, Max returned.

« Victoria! »

"Victoria!"

Instinctivement, sa main se porta vers son arme tandis qu'elle se levait.

Her hand reflexively reached out for the gun at her side as she stood up.

« Il y a des bâtiments. On dirait

"There are buildings. They look

qu'ils sont déserts »

deserted."

Excités, ils se mirent à grimper la pente raide.

They climbed up the steep slope, excited.

Au sommet de la crête, on pouvait voir des groupes d'immeubles dans la vallée.

At the top of the ridge, they could see clusters of buildings in the valley.

De haut en bas, les structures brillaient comme des cristaux.

From top to bottom, the structures were glistening like cristals.

Elles étaient toutes en forme de flèche, pointées vers le ciel.

Each was spire-shaped, rising upward steeply towards a sharp point.

Le style de conception n'indiquait en rien si les bâtiments appartenaient à une ville ou à une campagne.

The design style did not reveal anything about whether the buildings belonged to a city or a countryside.

Max décida « Nous vérifierons demain».

"We'll check it tomorrow," Max decided.

«Nous devons d'abord manger, et nous reposer».

"We should eat first, and get some rest."

«Juste au cas où…» Victoria ne termina pas sa phrase.

"Just in case ..." Victoria didn't finish the sentence.

Mais Max comprit immédiatement.	*But Max understood immediately.*
Il hocha la tête et répéta « juste au cas où…»	*He nodded and repeated, "just in case."*
La nuit passa rapidement.	*The night passed quickly.*
Ils étaient tous deux trop fatigués et s'endormirent très rapidement.	*They were both too exhausted and were soon sound asleep.*
Lorsque le soleil se leva à nouveau, ils se réveillèrent le ventre vide.	*When the sun rose again, they woke up with empty stomachs.*
« J'espère que le petit-déjeuner et le diner sont inclus dans le séjour sur cette planète», gémit Victoria.	*"I hope this planet provides free breakfast and dinner," Victoria groaned.*
Max fronça les sourcils.	*Max frowned.*
Il n'attendait aucune bienveillance de la part de cette planète.	*He didn't expect any kindness from this planet.*
Il espérait seulement qu'ils pourraient survivre à cette cruauté d'une façon ou d'une autre.	*He only hoped that they could somehow survive the cruelty.*
« Allons voir les bâtiments», dit-il.	*"Let's go and see the buildings." He said.*

Un silence de mort régnait alors qu'ils approchaient.

It were deadly silent when they approached.

L'extérieur était magnifique, mais une fois à l'intérieur, les ruines étaient bien visibles.

The outside was gorgeous, but once they went inside, the ruins became apparent.

Les portes étaient ouvertes, les vitres des fenêtres étaient brisées.

The doors were left open, panes of glass windows shattered.

«Que s'est-il passé ici? », demanda Victoria .

"What happened here?" Victoria asked.

«Ils n'ont pas juste abandonné cet endroit. Il a dû y avoir un combat. »

"They didn't just abandon it. There must have been a fight."

On pouvait voir les dégâts du sol au plafond.

The damage spanned from floor to ceiling.

Dans chaque bâtiment, la destruction était la même.

In each building they entered, the destruction was the same.

Les murs étaient couverts de signes en boucle écrits dans une langue extra-terrestre incompréhensible.

The walls were covered with signs written in a looping unrecognizable alien language.

La présence de vestiges d'une civilisation était palpitante.

The presence of civilization remains was exciting.

Mais l'absence de signes de vie était inquiétante.

But the absence of life signs was disturbing.

« Regarde ça. »

"Look at this."

Victoria ramassa une arme : un petit pistolet laser.

Victoria picked up a weapon, a small laser pistol.

Elle fit feu, surprise de constater qu'il fonctionnait.

She fired it, surprised to find that it worked.

Un faisceau de lumière rouge partit vers le mur opposé à eux.

A beam of red light emitted and shot into the wall opposite to them.

« Il vaut mieux le prendre. »

"Better take it."

L'attaque a dû avoir lieu il y a longtemps.

The attack must have been a long time ago.

Aucune trace de nourriture.

No food could be found.

« Ces créatures doivent bien manger quand même, non ? » maugréa Victoria.

"These aliens have to eat, don't they?" Victoria grumbled.

Max mit sa main sur son épaule.

Max put his hand over her shoulder.

Victoria ne put terminer sa phrase.

Victoria couldn't finish the sentence.

Un groupe d'êtres semblables à des humains entouraient le bâtiment.

A group of human-like beings surrounded the building.

Ces créatures étaient extrêmement minces, avec un long cou, et étaient beaucoup plus grandes que Max et Victoria.

These aliens were extremely thin, had long necks, and were much taller than Max and Victoria.

Leur peau était pâle, presque transparente.

Their skin was pale, almost transparent.

Ils portaient des robes blanches.

They were dressed in white robes.

Victoria avait vu beaucoup d'extra-terrestres, mais elle n'en avait jamais vu de semblables auparavant.

Victoria had seen plenty of aliens, but she had never seen aliens like this before.

Elle n'arrivait même pas distinguer les mâles des femelles.

She couldn't even distinguish between males and females.

Elle pouvait seulement voir que chacun d'eux avait une arme à la

All she could see was that each of them had a weapon in hand.

main.

**Êtes-vous un ennemi ou un allié?**   _Are you an enemy or an ally?_

Victoria eut du mal à croire qu'une voix lui parlait à l'intérieur de la tête.

Victoria couldn't believe that a voice was speaking to her within her head.

Elle sentit sans pouvoir dire pourquoi que c'était la créature se tenant à l'avant du groupe qui venait de s'adresser à elle.

Somehow, she sensed that it was the alien standing in the front of the group who had addressed her.

Elle supposa que ce devait être lui le meneur, les autres étant les suiveurs.

She assumed that it was the leader, and the others followers.

Ces extra-terrestres communiquaient par télépathie!

These aliens communicate through telepathy!

« Ne pouvez-vous pas le savoir en lisant nos esprits? » répondit-elle à voix haute.

"Can't you tell that for yourself by reading our minds?" She answered aloud.

**Je sais que vous êtes ici par erreur, mais je ne peux pas anticiper vos futures actions ou inactions.**

I can tell you are here by mistake, but I cannot anticipate your action or inaction in the future.

«Nous ne voulons de mal à

"We don't want to harm anyone,"

personne», dit Max.

Max said.

Vous avez besoin d'un toit et de nourriture. Cela, nous pouvons vous le procurer. Vous êtes nos invités et nous sommes vos hôtes.

You need food and shelter. This, we can provide for you. You are our guests and we are your hosts.

«Que s'est-il donc passé ici ? » demanda Max en pointant les ruines du doigt.

"But what happened here?" Max asked and pointed at the ruins.

Cela vous sera expliqué plus tard. Suivez-nous.

This will be explained later. Now follow.

Victoria pouvait voir que Max était très tendu.

Victoria could see that Max was very tense.

Les créatures les guidèrent vers une grotte qui rétrécissait de plus en plus alors qu'ils avançaient à l'intérieur.

The aliens led them to a cave, which grew narrower and narrower as they went deeper inside.

Puis ils franchirent une lourde porte métallique.

Then they went through a heavy metal gate.

L'entrée était impressionnante, comme celle d'un lieu dont on ne pourrait jamais sortir.

The entrance looked intimidating, as if exit was never allowed here.

Le leader se présenta: _Je m'appelle_ _Axini . Nous allons bientôt entrer_ _dans notre cité._

I am Axini, the leading alien introduced himself. _We are soon to enter our city._

« Dans la grotte ? » demanda Victoria.

"In the cave?" Victoria asked.

Quand nous étions en paix, nous _vivions sur la terre. Depuis que la_ _guerre a commencé, nous sommes_ _allés sous terre._

When we were at peace, we lived above ground. Since the war started, we have moved underground.

Ils descendirent encore, passant par des tunnels sinueux.

They descended lower, passing through winding tunnels.

Toute la grotte était fortement éclairée, avec des rangées de chambres.

The entire cave was brightly lit, with rows of rooms.

«On dirait une ruche », pensa Victoria.

It reminded Victoria of a bee hive.

«Vous avez subi des attaques aériennes ? », demanda Max.

"Were there airstrikes?" Max asked.

Axini hocha la tête.

Axini nodded.

Oui. Voilà pourquoi nous avons dû _nous réfugier sous terre. Nous_

Yes. That's why we had to retreat underground. We are seeking

cherchons la justice pour les injustices commises contre nous par la Colonie. Ils ont commencé la guerre et détruit la paix sur notre planète. Le saviez-vous ?

Victoria secoua la tête.

Ils viennent de planètes lointaines et furent un temps nos alliés. Mais ils ont commencé à nous traiter comme des êtres inférieurs et se considéraient comme supérieurs. Leurs technologies étaient beaucoup plus avancées que les nôtres; nous sommes devenus serviteurs et ils sont devenus rois. Ils contrôlent notre approvisionnement et limitent notre demande. Nous souffrons dans la pauvreté, alors qu'ils accumulent la richesse.

«Mais alors pourquoi nous offrir un toit et de la nourriture, si vous êtes pauvres maintenant ? » interrompit Max.

justice for injustices done against us by the Colony. They started the war and destroyed the peace on our planet. Do you know of this?

Victoria shook her head.

They come from distant planets and were our allies once. But soon they began to treat us as inferiors and considered themselves to be superiors. Their technologies were far more advanced than ours; we became servants and they became kings. They control our supply and limit our demand. We suffer in poverty, while they accumulate wealth.

"But why would you offer us food and shelter if you are in poverty now?" Max interrupted.

Rien n'est jamais gratuit. Mais venez et mangez à présent. Nous parlerons du reste plus tard.

Nothing comes for free. But come and eat first. We will discuss the rest later.

Axini les mena vers une grande caféteria.

Axini led them to a large cafeteria.

Max murmura à Victoria: « Nous ne devrions pas faire cela. Pour un seul repas, nous pouvons tomber dans un piège Maître-Serviteur ».

"We shouldn't be doing this. We are one meal away from falling into a master-servant trap." Max whispered to Victoria.

« Et pour un seul repas nous allons mourir de faim. A toi de choisir. »

"We are also one meal away from starving to death. You choose."

Victoria se demandait si accepter la nourriture d'Axini était intelligent ou stupide.

Victoria wasn't sure if it was cleverness or stupidity to accept food from Axini.

Ils furent bientôt assis à une longue table.

Soon they were seated at a long table.

La nourriture était bizarre: de la soupe avec des feuilles rouges et de la viande douce de couleur bleue.

The food was odd: soup with red leaves and sweet meat in blue color.

Mais Max et Victoria étaient

But Max and Victoria were glad to

heureux de pouvoir enfin manger quelque chose.

finally have something in the stomach.

Quand ils eurent fini, Axini recommença à «parler»

Once they finished the meal, Axini began to "speak" again.

Je sens votre hésitation. Vous nous ne faites pas confiance, mais peut-être ne devrais-je pas vous faire confiance non plus. Selon la loi terrienne, vous n'avez pas le droit d'être dans cette partie de la galaxie. Honnêteté ou malhonnêteté, bravoure ou lâcheté, c'est votre choix.

I sense your hesitation. You do not trust us, but perhaps neither should I trust you. By Terran Law, bounty hunters are not allowed to come to this part of the galaxy. Honesty or dishonesty, bravery or cowardice, it's all your choice.

«Vous avez besoin de notre aide».

"You need our help."

Apparemment, Max avait tiré sa propre conclusion.

Apparently, Max had already come to the conclusion.

Axini acquiesça.

Axini nodded.

Vous pourriez être la différence entre la victoire et la défaite.

You could be the difference between victory and defeat.

«Nous ? » demanda Victoria, «mais nous sommes ici par accident ».

"You mean 'us'?" Victoria asked, "but we just came here by accident."

Les accidents peuvent être des bénédictions, tout comme les bonnes actions peuvent être des malédictions. Nous voulons que vous infiltriez la base de la Colonie.

Accidents can be blessings, just as good deeds can be curses. We want you to infiltrate the Colony base.

« Ce n'est pas notre guerre », opposa Victoria.

"This isn't our war," Victoria objected.

« Qu'avez vous à offrir ? », intervint Max.

"What can you offer?" Max interjected.

Les yeux d'Axini se fermèrent.

Axini's eyes closed.

Pendant un moment, Victoria crut qu'il méditait.

For a moment, Victoria thought he was meditating.

Mais soudain son esprit fut envahi par plus qu'une simple voix.

But then suddenly there was more in her mind than just a voice.

Des images, des souvenirs et des pensées.

Images, memories, and thoughts.

Qui défilaient dans son cerveau comme dans un film.

They played in her brain like a film.

Le peuple d'Axini courant dans les rues d'une ville détruite.

Axini's people ran through the streets of a destroyed city.

Des dirigeables bourdonnant dans le ciel.

Overhead, airships were humming in the sky.

Un hôpital en feu, lentement englouti dans les flammes.

A hospital was burned, slowly becoming engulfed in the flames.

Les plus jeunes aidant les vieux à s'enfuir.

The young were helping the old to flee.

Les cris et les pleurs des enfants cherchant leurs parents disparus.

Children were crying for their missing parents.

Voilà où je travaillais en tant que médecin. La plupart de mes patients étaient des innocents, pas des soldats. Ils ont perdu leur vie dans la guerre.

This was where I worked, as a doctor. Most of my patients were innocents, not soldiers. They lost their lives in the war.

La vision des ruines devint peu à peu floue.

The sight of the ruins slowly turned blurry.

Victoria cligna des yeux.

Victoria blinked.

Nous devons riposter!

We have to fight back!

«Mais pourquoi devrions-nous vous aider ? » demanda Victoria.

"But why should we help you?" Victoria asked.

Parce que nous avons quelque

Because we have something you

chose dont vous avez besoin. Regardez!

need. Look!

La vision s'éloigna de la grotte.

The vision shifted out of the cave.

Caché dans une vallée se trouvait un vaisseau spatial.

Hidden in a valley was a spaceship.

Max et Victoria sortirent de leur transe.

Max and Victoria woke up from the trance.

La lumière de la cafétéria les ramena doucement à la réalité.

The light of the cafeteria returned to them, bringing them back to reality.

Ce vaisseau était exactement ce dont ils avaient besoin!

The ship was exactly what they needed!

Vous voyez, je crois que nous pouvons nous aider mutuellement. Mais je suis un médecin, censé promouvoir la santé et lutter contre les maladies. Je ne peux pas mener une guerre.

You see, I believe we can help each other. But I am a doctor, meant to be promoting health and curing disease. I cannot lead a war.

« Mais vous pensez que nous en sommes capables? »

"And you think we can?" Max asked.

Oui. Vous êtes des chasseurs de

Yes. You are experienced Bounty

primes aguerris.

« Une équipe de 2 personnes, ce n'est vraiment pas une armée… »

Axini fronça les sourcils.

Tout ce que je peux vous donner est une petite équipe sous vos ordres. Vous devez saboter leur QG.

Après quelques minutes, un petit groupe d'extra-terrestres en tenue de combat entra dans la salle.

Voici ma pupille, Darhana. Je suis son tuteur depuis qu'elle est petite. Son père, sa mère, ses frères et ses sœurs ont tous été tués à la guerre. Elle a eu les meilleurs professeurs et a toujours été la meilleure élève. Je pense qu'elle pourra vous aider.

Darhana salua Max et Victoria d'un mouvement de tête.

Hunters.

"A two-man team is different from an army."

Axini frowned.

All I can give you is a small team to command. You need to sabotage their headquarters.

Within a few minutes, a small group of Axini's kind who were dressed in combative gear entered.

This is my ward, Darhana. I have been her guardian since she was young. Her mother and father, brothers and sisters, were all killed in the war. She had the best teachers and was the best student. I think she will be of help to you.

Darhana bowed to Max and Victoria.

Sommes-nous bien d'accord maintenant ?	*Do we have an agreement now?*
Demanda Axini.	*Axini asked.*
« Oui ! » répondit Max.	*"Yes!" Max answered.*
« Non ! » protesta Victoria.	*"No!" Victoria protested.*
Elle cria à Max «Tu veux te battre contre un ennemi dont nous ignorons absolument tout ? »	*She screamed at Max: "You want to fight an enemy we know absolutely nothing about?"*
« Tout ce que je sais, c'est que si nous ne le faisons pas, alors nous ne rentrerons jamais. »	*"I just know that if we don't, we'll never be able to go back."*
La bravoure de Max était habituellement une vertu, mais à ce moment précis, Victoria la considéra plutôt comme un vice.	*Usually Max's bravery is a virtue, but at this moment, Victoria considered it a vice.*
Un vice qui pouvait les faire tuer.	*A vice that could get them killed.*
Mais peut-être avait-il raison.	*But maybe he's right.*
C'était leur seule chance de quitter cette planète.	*It's their only chance to be able to leave this planet.*

A contrecœur, elle hocha la tête.

Reluctantly, she nodded.

Je vais vous apporter vos uniformes et vous donner un endroit pour dormir ce soir. Vous partirez demain matin.

I will bring you your uniforms and give you a place to sleep tonight. You will leave in the morning.

Le repos nocturne permit à Victoria de penser à leur situation, mais elle ne put en tirer aucune conclusion.

A night's rest allowed Victoria to think about their situation, but she couldn't come to any conclusion.

Le mieux pour elle était encore de se reposer pour affronter tout ce qui pourrait arriver le lendemain.

The best she could do was to get some rest for whatever might come in the morning.

Et le matin ne tarda pas à arriver.

And morning did come soon.

Max retrouva Victoria devant sa chambre. Tous deux portaient un uniforme.

Max met Victoria outside her room, both dressed in uniforms.

Ils organisèrent ensuite leur équipe avec Darhana.

Then they arranged the team with Darhana.

Axini leur dit adieu et leur souhaita bonne chance.

Axini bid them farewell and wished them good luck.

Ils marchèrent, se dirigeant vers la surface.

They marched upwards, back to the ground surface.

Là, une rangée de motos les attendait.

There, a row of motocycles were waiting for them.

Leurs roues étaient énormes, à l'évidence adaptées pour tout type de terrain.

The wheels were monstrous, obviously built for all kinds of terrains.

Le siège, qui semblait être une gêne au début, devint vite d'un grand confort une fois que Max et Victoria se furent habitués aux commandes de leur engin.

Once Max and Victoria got used to the controls, the seat, which seemed to be a discomfort at first, turned into a great comfort.

Victoria n'était pas sûre de savoir s'ils étaient en train d'agir comme des héros ou bien comme des méchants.

Victoria was not certain whether they were acting as heroes or villains.

Mais elle n'avait pas le temps de cogiter sur cette question.

But there was no time for her to dwell on that.

Darhana forçait l'allure à l'avant, obligeant le groupeà accélérer également.

Darhana sped up ahead, compelling the rest of the group to accelerate their speed as well.

Ils s'arretèrent au fond d'une forêt.

They stopped deep in a forest.

Darhana dit : _La base est un peu plus loin. C'est un vaste complexe._

Their base is up ahead. It is a large compound. Axini thinks we

Axini pense que nous devrions infiltrer la base et la saboter de l'intérieur.

«Mais on ignore tout de cet endroit. Comment pourrait-on y pénétrer ? » demanda Max.

Deux créatures firent un pas en avant.

Victoria supposa qu'il s'agissait d'un garçon et d'une fille.

Ils avaient la tête rasée et de nombreuses cicatrices étaient visibles sur leur crâne.

Ils ont été otages dans cette base. Ils savent comment y entrer et ils vous guideront, expliqua Darhana.

«Comment ? Nous y allons seuls ? » Victoria devint anxieuse.

Vous y allez en premier. Une fois que vous aurez désactivé le système de sécurité, nous

should infiltrate the base and sabotage it from inside. Darhana said.

"But we don't know anything about this place. How could we get inside?" Max asked.

Two aliens came to the front.

Victoria guessed that one was a boy and the other a girl.

Their heads had been shaved and scars were all over their skulls.

They were taken hostage in this compound. They know how to get inside and can show you the way. Darhana explained.

"What? We're going alone?" Victoria became anxious.

You are going first. Once you disable the security system, we will infiltrate as well, and give

pénètrerons également et nous permettrons aux troupes d'Axini d'attaquer la base. Axini sera dans votre esprit.

Axini's troops a chance to attack the base. Axini will be inside your minds.

«OK, allons-y, » dit Max à Victoria.

"Alright, let's go." Max said to Victoria.

Ils suivirent leurs guides extra-terrestres et se dirigèrent vers le complexe.

So they followed the two guiding aliens and walked towards the compound.

Tout à coup, ils aperçurent un grand bâtiment circulaire.

Suddenly they saw a large round building.

Immédiatement, Max et Victoria dégainèrent leurs armes.

Max and Victoria immediately pulled out their guns.

Avoir une arme au poing procurait une sensation de sécurité à Victoria, mais cette sensation était contrebalancée par l'insécurité engendrée par le fait de ne pas avoir de plan d'action précis, et de ne pas connaitre les lieux.

A weapon in hands gave Victoria some security, but it was counteracted by the insecurity of not knowing the layout and not having a precise plan.

L'entrée du bâtiment était une grande porte en métal très robuste.

The building's front was a large door made of some sturdy metal.

Les guides se mirent au travail sur le pavé numérique contrôlant l'accès.	*The guiding aliens went to work on the number pad that controlled access.*
La porte s'ouvrit en quelques minutes.	*Within minutes, the door slid open.*
Victoria et Max se firent un signe de la tête.	*Victoria and Max nodded at each other.*
Et ils entrèrent.	*Then they entered.*
«Tiens-toi prêt».	*"Get ready!"*
«Nous devons trouver le poste de contrôle et désactiver le système de sécurité ».	*"We need to find their main control room and then disable their security system."*
« Comment ? Nous ne savons même pas lire leur langue ».	*"How? We can't even read their language."*
« Nous trouverons bien un moyen ».	*"We will figure that out, somehow."*
Ils passèrent par un long tunnel souterrain.	*They went through a long underground tunnel.*
C'était sombre et froid.	*It was dark and cold.*

Gardien droit devant.

Axini venait de les prévenir.

Max leva son arme.

Un garde était stationné au bout du couloir.

Il était occupé avec le Digi-Pad qu'il tenait en main.

Max appuya sur la gâchette.

Le garde tomba au sol.

Victoria courut vers le garde mort.

C'était un humain!

« Axini nous a pas dit que nous nous battions contre d'autres humains! »

« L'ignorance est une bénédiction », murmura Max.

« Tu es fou? »

Victoria était en colère.

Guard ahead.

Axini warned them.

Max lifted his gun.

At the end of the hallway, a guard was stationed there.

But his attention was on a Digi-Pad in his hands.

Max pulled the trigger.

The guard fell to the ground.

Victoria ran to the dead guard.

He was human!

"Axini didn't tell us we were fighting against other humans!"

"Ignorance is bliss," Max muttered.

"Are you crazy?"

Victoria became angry.

91

« Quelle différence ça peut bien faire, maintenant ? »

"Does it make any difference now?"

« Non. Mais -- »

"No. But ——"

« Pas de MAIS. Allons-y avant qu'on nous remarque. »

"No 'BUT'. Now let's move before someone notices us."

Victoria s'empara de l'arme et du Digi-Pad du garde, juste au cas où.

Victoria took the man's weapon and the Digi-Pad, just in case.

Ils continuèrent d'avancer dans le complexe.

They continued through the compound.

« Pourquoi les humains mènent-ils une guerre ici? La Patrouille Intergalactique a pourtant déclaré cette zone pacifique. »

"Why would humans be waging a war here? The Intergalactic Patrol has declared this a peaceful zone."

« Je ne sais pas. Peut-être que c'est la planète XY qui a commencé les hostilités. Si c'est le cas, nous devrions plutôt nous allier aux humains. »

"I don't know. Maybe Planet XY started the war first. If that's the case, we should make an alliance with the humans instead."

« Quoi, simplement choisir le camp des gagnants ? On ne guérit pas le mal par le mal, Max »

"What, we just pick the winning side? Two wrongs don't make a right, Max."

Il soupira.

He sighed.

« Ce que je veux dire, c'est que nous devons connaitre les deux versions de l'histoire. »

"What I'm saying is: we need to know both sides of the story."

« Comment cela? »

"How?"

« Si c'est une Colonie Terrienne, ils doivent envoyer un rapport mensuel à la Patrouille Intergalactique. Ce rapport mentionnera la guerre. Il faut que nous accédions à leurs enregistrements de communication. »

"If it's a Terran Colony, they have to be sending the Intergalactic Patrol monthly reports. They'll mention the war. We need access to their communication record."

« Je peux m'en charger quand nous serons au poste de commandement. »

"I can handle that once we get to the control room."

Ils approchèrent d'un escalier.

They approached a stairway.

Max inspira profondément : « Allons-y »

"Let's do it," Max took in a deep breath.

« Range ton arme », dit Victoria.

"Put the gun away," Victoria said.

« Quoi? Tu veux qu'on aille là-

"What? You want us to go in there

dedans désarmés ? »

Vous n'avez pas besoin d'armes. Je vous ai donné les mêmes uniformes que ceux portés par les gardes. Vous n'attirerez pas l'attention.

La voix d'Axini était de retour, les dirigeant à travers le labyrinthe et les avertissant des dangers à venir.

Guidés par Axini, ils évitèrent facilement les soupçons.

Soyez naturel.

Ils croisèrent trois hommes qui passèrent sans même les regarder.

Victoria échangea un regard avec Max.

Naturel.

C'est ça.

unarmed?"

You don't need to be armed. I gave you the same uniforms as what the guards here are wearing. You can blend in without attracting suspicion.

Axini's voice returned, directing them through the maze and warning them of the dangers ahead.

They avoided suspicion easily under Axini's guidance.

Act natural.

Three men came around a corner, walking past them without looking at them.

Victoria exchanged a glance with Max.

Natural.

Right.

Vous arrivez au secteur principal. La première porte du couloir mène à la salle de contrôle, leur dit Axini.

You're moving into the main sector now. The first door in the hallway will lead to the control room. Axini told them.

Victoria espérait juste pouvoir s'orienter dans le système de défense sans se faire remarquer.

Victoria just hoped she could navigate the defense system without being noticed.

Il y avait bien du monde au poste de commandement.

Many people were in the control room.

Les mains de Victoria tremblaient tandis que Max s'approchait d'une console.

Victoria's hands were shaking as Max moved towards a console.

« Quelqu'un a pénétré dans le bâtiment! Ils viennent par un souterrain! »

"Someone has infiltrated the building! They're coming in through underground."

Victoria ne pouvait pas croire que c'était Max qui venait de crier.

Victoria couldn't believe that it was Max who was shouting.

Qu'est-ce qu'il faisait, bon sang !?

What was he doing!?

Mais avant qu'elle puisse poser la question, les gens se précipitèrent hors de la pièce pour aller chercher des armes.

But before she could ask, people began to ran out of the room to grab weapons.

Victoria comprit que Max tentait de détourner l'attention des gens présents dans la salle.

Victoria realized that Max was trying to distract the people in the room.

Elle s'installa sur une console désertée tandis que Max faisait un rapport à un officier haut gradé.

She slid over to an empty console, while Max was reporting to a high ranking officer.

Tout le monde écoutait Max, elle devait en profiter.

All the attention was on Max, and she wanted to make good use of that.

Ses doigts s'activèrent sur l'interface de la console.

Her fingers moved to the operation interface.

Le système de sécurité était extrêmement complexe.

The security system was extremely complex.

Elle téléchargea les enregistrements de communication sur le Digi-Pad.

She downloaded the communication records to the Digi-Pad.

Transférer les données était facile, mais pénétrer dans le système de défense était vraiment difficile.

Transferring data was easy, but breaking into the defense system was very difficult.

Tout d'un coup, le clavier devint rouge et se bloqua.

All of a sudden, the keyboard turned red and unresponsive.

Des alarmes se mirent à sonner partout dans le complexe.	*Alarms sounded all over the compound.*
Tout le monde se tourna dans sa direction.	*Everyone in the room turned towards her.*
Quelqu'un cria: « Hé ! Qu'est-ce que vous fabriquez ? »	*"Hey! What are you doing?" Someone shouted.*
Max hurla : « Cours ! »	*"Run!" Max yelled.*
« Cours, vas-y ! »	*"Run, now!"*
Elle attrapa le Digi-pad et partit à toute allure.	*She grabbed the Digi-Pad and took off.*
Max la suivait.	*Max followed her.*
Elle franchit une porte électronique mais celle-ci se referma juste après son passage.	*She passed through an electronic door, but it closed right behind her.*
Elle se retourna, réalisant que Max se trouvait de l'autre côté.	*She turned, realizing Max was on the other side.*
« Max ! », hurla Victoria.	*"Max!" Victoria screamed.*
Max cria : « Cours ! »	*"Run!" Max shouted.*

« Pas question de te laisser ici! »

"I'm not leaving you here!"

« Je sais bien que tu n'es pas une lâche. Tu es une héroïne. Cours !»

"I know you are not a coward. You are a hero! Just run!"

Victoria pouvait entendre un groupe de personnes qui approchaient de la porte.

Victoria could hear a group of people was approaching the door.

Elle courut aussi vite que possible.

She ran away as fast as she could.

Elle faillit être touchée par un coup de feu, et riposta.

A gun shot nearly struck her, so she fired back.

Deux hommes tombèrent à terre.

Two men fell to the ground.

Elle réussit à sortir.

She managed to get out.

Elle ne pouvait pas croire que Max n'était pas avec elle.

She couldn't believe that Max was not there with her.

Ensemble, ils étaient comme le Ying et le Yang, un équilibre de forces.

They were like Yin and Yang, a balance.

Elle se sentait perdue sans lui.

She didn't know what to do without him.

Les extra-terrestres d'Axini attendaient à la sortie.

The aliens sent by Axini were waiting at the exit.

Victoria cria hystériquement à Darhana: « Je l'ai perdu! J'ai perdu Max ! Aidez-moi ! Il faut m'aider ! On ne peut pas le laisser ici ! »

Victoria frantically shouted to Darhana: "I lost him. I lost Max. You need to help me! You have to help me! We can't leave him here!"

Darhana la serra dans ses bras. _Nous ne l'abandonnerons pas ici._

Darhana hugged her. <u>We won't leave him here.</u>

Victoria, complétement hébétée, fut ramenée à la base d'Axini.

In a daze, Victoria was taken back to Axini's base.

Montée derrière Darhana, elle était incapable de penser.

She rode with Darhana, unable to think at all.

Elle voulait juste être seule dans sa chambre.

She wanted to be left alone in her room.

Elle essayait de ne pas pleurer.

She tried not to cry.

Cela n'aurait servi à rien de toute manière.

Crying wouldn't help anyway.

Elle devait faire quelque chose, par amour ou par haine.

She needed to do something, either out of love or out of hatred.

Mais elle n'arrivait pas à élaborer un plan.

But she couldn't come up with any plan.

Elle sortit le Digi-Pad et consulta les rapports qu'elle avait copiés.

She pulled out the Digi-Pad, skimming through the reports she had copied.

«Il y a quelque chose qui cloche», marmonna-t-elle pour elle-même. «Axini ? M'écoutez-vous? »

"It's not right," she mumbled to herself. "Axini? Are you listening?"

Je suis là.

I am.

"Alors, vous savez ce que je veux dire."

"Then you know what I mean."

Oui. Votre gouvernement n'est pas au courant de cette guerre.

I do. Your government is not aware of the war.

«Exact. La Colonie agit sans l'autorisation de la Patrouille Intergalactique. Ils n'ont pas le droit vous faire la guerre et ont fabriqué leurs rapports. Si nous contactons l'IGP, ils interviendront en votre faveur. Pouvez-vous envoyer des messages à travers l'espace? »

"Yes. The Colony is acting without the authorization of the Intergalactic Patrol. They have no license to wage this war and have been fabricating their reports. If we contact the IGP, they'll intervene on your behalf. Do you have any way to send messages through space?"

**Nous n'avons pas ce type de technologie. Les humains la possèdent, mais pas nous.**

We have no such technology. The humans have it, but we do not.

Victoria eut envie de hurler.

Victoria wanted to scream.

Max était prisonnier, et pouvait être torturé ou tué.

Max was a prisoner, and could be tortured or killed.

Il allait peut-être rester prisonnier toute sa vie.

He might never be a free man again.

**Peut-être que j'ai une solution.**

Perhaps I have a solution.

Victoria se leva.

Victoria stood up.

**Vous êtes bien venu ici avec un vaisseau spatial ?**

You came here on a spaceship, right?

«Il s'est écrasé».

"It crashed."

**Mais peut-être que le système de communication fonctionne toujours.**

But maybe the communication system is still working.

« Oui, c'est vrai! », réalisa Victoria.

"Yes, that's true!" Victoria realized.

Si elle pouvait retrouver le vaisseau spatial et si la console de

If she could find the spaceship and if the communication console

communication fonctionnait encore, alors elle pourrait envoyer un message à l'IGP.

was still working, then she could send a message to the IGP.

« Essayons. »

"Let's try."

A cet instant, Victoria était prête à tout tenter.

At this point, Victoria would try anything.

La recherche dura presque trois jours.

The searching took almost three days.

Quand enfin ils retrouvèrent le vaisseau spatial, le cœur de Victoria s'emballa.

When at last they did find the spaceship, Victoria's heart jumped.

Le vaisseau n'était plus qu'une épave méconnaissable.

The spaceship turned into a pile of unrecognizable wreckage.

Victoria, rampa à l'intérieur de l'engin, prit une profonde inspiration et essaya de démarrer le système.

Victoria squeezed herself inside, took a deep breath and tried to start the system.

Aucune réponse.

There was no response.

La tristesse l'envahit.

Sorrow overwhelmed her.

Elle essaya encore et encore.

She tried again and again.

Miraculeusement, le vaisseau spatial revint à la vie.

Miraculously the spaceship came back to life.

Vous allez y arriver ? Est-ce que le système fonctionne ?

Can you do it? Is the system working?

«On dirait», murmura Victoria.

"I think so," Victoria muttered.

Elle réussit enfin à envoyer un message à l'IGP.

Soon, a message was sent to the IGP.

La croiraient-ils, ça elle ne le savait pas.

Whether they would believe her, she did not know.

Elle pouvait juste l'espérer.

She could only hope.

Quelques heures plus tard, à sa plus grande joie, elle vit des vaisseaux de reconnaissance de l'IGP qui survolaient la base humaine.

To her great joy, Recon Ships sent by IGP were hovering over the human base within a few hours.

La Colonie ne tarda pas à capituler.

It did not take long for the Colony to give in.

Ils ne pouvaient pas lutter contre l'IGP.

They were no match for the IGP.

Les vainqueurs de la guerre furent

The winners of the war were

les gens d'Axini. Les vaincus furent arrêtés par la Patrouille Intergalactique.

Axini's people, and the losers were arrested by the Intergalatic Patrol.

Max était vivant.

Max was alive.

Mais il était prisonnier de l'IGP.

But the IGP took him in custody.

Je leur ai dit que Max nous avait aidés et leur ai demandé qu'il soit pardonné, dit Axini à Victoria.

I have told them that Max was helping us and have requested that he be pardoned. Axini said to Victoria.

Ils marchèrent jusqu'au vaisseau de l'IGP où Max était retenu prisonnier.

They walked together to one of the IGP ships where Max was being held.

Un officier gardait le vaisseau.

An officer was guarding the ship.

Max était traité comme un criminel.

Max was treated like a criminal.

Victoria se jeta à son coup.

Victoria threw her arms around his neck.

«Je t'ai manqué, on dirait , » dit-il en riant.

"Guess you missed me," he chuckled.

«J'étais inquiéte pour toi ».

"I was worried about you."

Max soupira et se tourna vers le garde : «Est-ce qu'on pourrait au moins être seuls une minute ? »

Max sighed and then turned to the guard standing there. "Can we at least get a minute alone?"

Le garde acquiesça et sortit.

The guard nodded and went outside.

Ils étaient seuls dans le vaisseau spatial.

They were alone in the ship.

Max pointa le cockpit du doigt et lui fit un clin d'oeil.

Max pointed at the cockpit and then winked at her.

Victoria mit un certain temps avant de comprendre.

It took a long time until Victoria understood.

«Tu plaisantes? »

"You must be kidding!"

Il sourit.

He grinned.

«Tu es complètement fou, Max!»

"You're crazy, Max!"

Mais il courait déjà vers le siège du pilote.

But he had already run to the pilot seat.

Il ferma la porte et activa le système de contrôle de l'astronef.

He closed the door and booted up the ship.

Victoria s'installa dans le siège du

"Goodbye, Planet XY!" Victoria

copilote et poussa un long soupir : *slid into the co-pilot seat and*
«Adieu, Planète XY !» *sighed.*

Printed in Great Britain
by Amazon